아름다운 날들

아름다운 날들

박성철 시집

月刊文學 출판부

| 시인의 말 |

시를 읽고 쓰는 즐거움

시(詩), "붉은 화로 속에 핀 연꽃에 비유 하나니;
장유홍로화이련(將喩紅爐火裡蓮)"

—십현담 '심인(心印).1'의 6구

좋은 시 한 편을 만나면 그지없이 기쁘고 즐겁다. 보물과도 같다.

어두운 마음과 정신을 밝혀주는 깨우침의 법(法)이 되고 경(經)이 되고 그리고 고전이 된다.

불가에 심인(心印)은 형체가 없는 마음에 마음이라는 말조차 허위이긴 하나 거기다 인(印)을 또 덧붙인 것은 법이 이를 기준으로 삼고자 함이라 하였다. 이에 심(心)은 본체요 인(印)은 (형상화한) 가명인 것이다. 이 둘이 서로 길항(拮抗)하지 않고 음양의 기능으로서 선(禪)의 세계에 직관과 견성의 자장(磁場)이 활발하게 펼쳐지며 온 우주에 무제한적 사유의 숲을 형성하는 것이다.

시인은 이 사유의 숲, 그 현(玄)의 세계를 여행하는 탐험가라 할 수 있다.

현(玄)은 심(心)으로만 보는 것이 아니다. 심의(深意)를 깨닫기 위해 신(神)으로도 보아야 하는 것이다. 낯설은 새로운 단계를 깨닫는 것이다. 혼으로 찾아 신으로 보고 비로소 뜻을 헤쳐 의견을 내고 백체(魄體)로 문체(文體)를 지어 그 속에 진리를 담아 전한다. 고로 현이란 최소 다섯 개의 색채 프리즘으로 비춰서 들여다 보아야 그 세계를 엿볼 수 있다. 왜 12지지 중에 巳(뱀)만 그리겠는가. 그래서 역(易)에서는 10천간과 더불어 12지지의 물상을 그리면서 서로 맞추어 행역(行易)하여 나아간다.

하도와 낙서를 잘 관찰하고 읽어서 본체의 현상을 파악해 내는 지혜는 심인을 득할 수 있다.

그로서 화두는 깨지고 한걸음 나아가 현의 세계에 들어 어둠의 현관을 타파하고 황홀한 빛을 본다.

이에 서두의 심인(心印)1의 핵심은 저 6행에 있으니 불은 화기의 상승으로 들끓으나 그 아수라 속에서도 고요히 적막의 선기를 발하는 반야의 빛이 반짝이니 '화로의 불꽃 속에 피는 연꽃'이다. 이와같은 이미지를 발견하는 지혜가 표현한 심상心象은 '화로 속의 붉은 연꽃'으로 시적형상화(詩的形象化)의 극치를 이룸으로써 원래 있는 무(본체) 유(현상·객체)와 하나인 심인(心印)을 예술적(공적)으로 형상화(증명)한 시(詩)로써 절창인 것이다. 좋은 시를 찾아 읽는 기쁨, 또 시를 쓰는 즐거움이 여기 있다. (시작노트,『바람의 우연』, 휜뫼시문학에서)

'아름다운 날들', 세상에 슬프고 비극적인 일들이 많다. 인류 역사도 그래왔다. 그러나 세상은 아름다워야 한다. 삶은 고뇌와 함께 사랑이고 기쁘고 즐거워야 한다. 인류와 역사가 지속 가능하려면 나아갈 바다. 이에 본 시집의 중심적 사유의 작픔은 아니지만 책 제목을 '아름다운 날들'로 정해 보았다.

차례

꽃의 전설 2

봄꽃은 또 붉고 3

도봉산에서 투우하다 4

무기(無記) 5

| 작품해설 |

1

그대는 누군가

그대는 누군가

소크라테스는 그대 자신을 알았을까?
산수유 꽃향기에 흠뻑 취한 봄날 하오

꿀을 따는 벌 나비 발에 묻어가는 꽃가루는 누굴까?
저게 신(神)이 아닐가?

한때는 나 자신을 알았다 했으나 새 봄날에 다시 나를 모르네
또 다른 내가 앞을 막고 섰으니. 또 다른 스핑크스의 수수께끼가 길을 막으니
해답은 저 산수유꽃을 살랑 입 맞추고 가는 바람, 바람과 가느란 향기 그리고
지고이네르바이젠 사라사테의 바이올린이 집시의 설음을 울리는 저녁녘
지신(地神)의 몸 위로 억겁의 윤회를 가볍게 적멸에 내려놓는
저 산수유 꽃송이들은 아는 듯

나 자신을
애로스(Eros)도,
사신(死神)도,

동안거(冬安居)

칩거,
그래 이건 동안거(冬安居)다

혹한의 계절
외출은 금지되고
불(佛)을 모르는 내 몸에
짝퉁 선승(禪僧) 하나 자란다
화두는 심우도의 '입전수수'*다

나를 여기 두고
부질없이 나를 찾는다고
마음속을 방황하누나

유마힐처럼 아프다는 구실 대고
추운 겨울을 나가지 않네

* 입전수수(入鄽垂手) : 저자에 손을 드리우다.
곽암선사의 심우도(尋牛圖) 중 제10도에서 인용.

어등* 물고기 떼

물이 하늘에서 비롯함을 본
저놈들이 전생에 득음(得音) 했던가?

어등 강 바닥 헤치며 장마철,
거센 물살 가르는 물고기 떼
태백 · 소백의 중(中)을 거슬러
득심(得心) 또 득심한 놈들,

수정(水精) 삼키고 허공 박차고 날으는
8등신 오온(五蘊) 비늘 번쩍 번쩍 저놈들이
언제 언제 노담(老聃) 고운(孤雲)의
오수(烏水), 그 현묘한 길(道)을 물었든가

삼족오 까마득한 무문(無門) 가르고
하도(河圖) 그 본향 찾아가는 길이다

막다른 산협에 다다라 마침내
폭포를 뉘고 공중부양
용트림 솟구쳐 두표**를 타는,

용이 되어 하늘길 가는

어등 물고기 떼.

* 어등(魚登) : 경북 예천(醴泉) 보문면의 한 강촌.

** 두표(斗杓) : 북두칠성 제5성에서 7성까지를 소요성(逍遙星), 두병(斗柄), 두표(斗杓) 또는 옥형(玉衡)이라 한다. 음양 2기(氣)의 배회(徘徊)와 출입은 모두 북두칠성의 두병인 소요성에 따라 행해지는 것이다. 두병인 옥형을(기강을) 잡아서 원기를 침작하여 혹은 자오(子午)를 가리키고 혹은 인신(寅申)을 가리킨다고 하는 것과 같이 12진(辰)을 바르게 가리키면 춘하추동의 계절이 나누어진다. 하늘에 있어서의 두(斗)는 사람에게 있어서는 마음이다. 단법(丹法)이 마음으로 화후(火候)를 운용하는 것은 하늘 이 두(斗)로써 12진을 운용하는 것과 같다.(위백양 저 · 최형규 역. 『주역참동계』, 1995.)

소래포구 정경(情景)

쓸쓸한
가을비 내리는
소래포구,

갯벌 뻘에 빠지며 뻘밭을 걷는다. 물구멍 속의 낙지
갯지렁이 쏙 짱뚱어 뚱장어 가지게 말똥게 도둑게…
도망쳐 숨기에 쏜살같은,

불쑥! 갯고랑에 솟아오른 가라비 조개,
열어제친 수문 궁전 긴 머리채 온몸 휘감고
Venus, 눈부신 나신으로 일어서는 르네상스,

보티첼리 보티첼리 갯고랑 뻘 속에 발묻고
가리비 조개 속 비너스에 넋 놓고 붓을 친다
가리비 조개 궁 신전 여신들의 퍼레이드,
올림프스 헐리우드의 아프로디테 퀸 시바 서시 어우동
양귀비 리즈 테일러 비비안 리 M 몬로… 요염한 美의 제전,
수문 닫는 가리비 조개 보티첼리 비너스 사랑 비련이었을까?

갯 아이들 다 집에 가고 멀리 갯바람 속 풍차를 공격한 돈키호테,
홍초밭 지나 우거진 갯 갈대 길길이 헤치며 기진맥진 돌아오는
최후의 갯마을이 오리온 성단 은하에 잠기는…

Neo 고전주의 성당 만종 소리 연미복 사제 '레퀴엠'
성가곡 흐르는 피렌체 밤의 르네상스, 사람 사람 낭만주의여
자유 자유를 외쳤는가. 님아 천년 아리령 언제 넘느냐.
여여(如如)한 바닷바람 머나먼 섬 파도 소리여,

강남행 대오 제비 청둥오리 도요새들의 군무(群舞),
우울한 저녁 하늘, 기원전 출항한 환단*의 예언자들
돌아오지 않는 석별의 포구, 남겨진 자들의 종말론,
구원은 어디에? 백의(白衣)의 환부**들 아리랑 아리랑…

소래 갯벌
마냥 젖는 가랑비
쓸쓸한,

* 환단(桓檀) : 환(한)웅(桓雄)의 환(한)국(桓國)과 단군의 나라.

** 환부(鰥夫) : 환웅씨를 수행 내지 대리하여 온 세계를 순방하면서 문명을 전파하여 사람들을 짐승과 같은 상태에서 구제한 역군들이었다. 이것으로 바빌론 신화의 우안네스가 환부의 환(鰥)을 지칭하는 것임을 알 수 있다. 남미의 잉카 전설에도 오래전 옛날 바다에서 나타나 사람들을 교화시킨 신적인 존재에 대한 기억이 남 아 있어서 이를 비라코차 라고 불렀다. (박재상 원저, 윤치원 편저, 『부도지』, P.451.)

어름사니 · 2

건 곤 괘(卦)로 꼬은 우상, 사라진 신(神)의 목숨 밟고 선 페르소나

니체와 무신론의 대비 XY 좌표상 모든 점이 중심이 되는 순환

우연 필연의 시이소, 어름사니 신화의 밧줄 궤적 모든 발걸음이

이승 저승의 해탈 절대 자유의 중심이다. 신(神)을 잃은 또는 버린 자유

허무와 불안 싸르뜨르와 한 무리의 실존주의자들 뫼비우스의 띠를

따라 도는 까뮈의 고뇌 시지프스 언덕의 저 페르소나.

적막(寂寞)·3

리우 올림픽 사격 결승 경기장
심산(深山) 선원(仙院)의 적막보다 더 적막하다
경기장 내 음표들을 몽땅 갉아먹은 쥐 죽은 듯

주검보다 더 적막한 사선(射線)은 불가사의 겁(劫)의 적멸이
얼어 붙어있다. 사수들의 시퍼런 안광에 과녁들만 활활
타오른다

뜻하지 않은 순간 카르마를 가르는 격발의 나지막한 음율
안광의 팽팽한 현(絃)의 음계를 타고 머나먼 은하의 불랙홀
을 뚫는 은밀한 심중(心中)의,

초속 30km 광속에 근접해 공간과 시간을 휘는 '일반상대성 원리'*로 날으는 로켓이 부도(符都) 아인슈타인 제3인류의 수명을 무한광년 늘여놓을 저 적멸 속에서,

인연을 가르고 생사를 가르고 나를 가르고 언어도단의 과녁
을 가르고 탈의 궁극적 비문(秘文)을 가르는 찰나…

사격 결승 경기장
와 와 침묵 고요 적막의 선문(仙門)을 깨고
'야단법석(野壇法席)'**을 차려 놓는다.

* 일반상대성원리 : 뉴튼의 절대시간과 절대공간(절대좌표) 이론이 아인슈타인에 의해 부정되고 시간과 공간은 물론 질량과 에너지와 중력과 빛의 속도 등이 줄어들고 휘어짐이 관측자의 입장에 따라 다르게 되는 '상대적'이라는 원리로부터 전개되는 이론을 '특수상대성원리'를 포함하여 '일반상대성이론'이라고 부름.(뉴튼, '상대성이론', 뉴튼코리아, 2015.)

** 야단법석(野壇法席) : 야외에 세운 단 아래 법석(法席)을 마련하여 불법을 듣는 자리란 뜻으로 사람이 많이 모인 관계로 떠들고 시끌벅적 함.

적막(寂寞)·4

—밧줄타기

어름사니
적막 위에 핀 바람꽃
한발 한발이 공 허 극이다
절대 무(無)다

티벳 설산 백척간두에서
오체투지로 캐고 캐는
저 불확정성의 원리 하이젠베르크여
겹겹이 꼬인 과잉 사고 잉여 언어를
깨며 깨고 나아가는 외로운 해체작업

어름사니의 밧줄 타기는
포스트—포스트모더니즘이다.

적막(寂寞) · 5
—어름사니

밧줄 타는 외줄기 삶
그대 한번 가면 오지 못하나
어름사니는 길 끝에서 되돌아온다

뒷걸음치기 혹은 폴짝 뛰어 돌아서
시간을 거슬러 또 다른 세계의 은하를
펼쳐놓는다

또 다른 인생의 좌표 위에서
중력을 부채로 접었다 폈다 하며
하늘 높이 미케란제로의 '천지창조'를
꽃구름 속에 펼쳐놓고
다중 우주를 소요하는 어름사니

적막(寂寞) · 6
——묵언

마음의 본향은 적막이었지
적막한 시절인연(時節因緣)의 거리
세속 탈속 왕래 우동좌출 내달리며
연진(煙塵)에 눌은 입전수수
저잣거리 아낙들 생선 비린내 절은
등잔불 끄름 일렁이는 골방에서
문수보살의 입불이법문 수인을
한 수 묵언(默言)으로 께는 유마거사

귀를 먹고

오늘도 내 귀는 어느 소의 워낭이냐
소리가 들리지 않는 두 귀
눈 앞 어지러운 세상이
모두 무성 영상이다

고함치는 내 목소리도 내 머리에 붙은
두개의 워낭을 울리지 못한다
귀를 버릴까
경허(鏡虛)의 워낭을 떼어 던질까

온 거리를 헤매며
뜨거운 혀를 뽑아도
알아듣지 못하는
진흙소(泥牛)의 묵언들
내 귀는 소리 내지 못하는 워낭이다

견성(見性)

깨지고 단단해 진다는 건 금강석이고 보리다

길바닥에 뒹구는 차거운 돌들이 단단해도

선정의 수천도 빙화(氷火)의 불길 속에서

얼어 죽고 타고 죽고 재를 헤치고 또 살아나서

타고 죽고 또 얼어서 죽고 불사조,

거울처럼 텅빈 마음 같으랴만

돌맹이 금강석의 불이(不二)를 봐도

나〔我相〕는 남아 번뇌하네.

종심(從心)의 길에서

문득
거울에 비친 내 모습 보니
온통 흰머리로 덮여있네

어느 때 부터던가
내 머리가 하얀 것을 알았지만
마음은 오늘에야 깜짝 놀라는구나
보고 또 보고 심사(心思) 하누나

저승이 나와 무관한 것처럼 살며
천방지축 헤매어 온 인생길
종심(從心)을 넘어서야
내 삶의 갈림길이 멀지 않음을
저 흰머리를 마음 깊이 느끼기까지
이리도 늦었다니,

산촌 소묘

가을 물드는 산막촌 회색 기와지붕 지붕마다
피카소를 그리워했을까 누가, 빨간 고추를 널은
지붕에 한 무리 바람과 노랑 버찌 단풍잎들의
윤무(輪舞)

파란 지붕은 누구 또 루누아르 색조로
노곤한 꿈속을 유랑하나?

연화산 저 멀리서 끝없이 불어오는 서풍이
이랑이랑 만종 소리를 수(繡) 놓는 캔버스 유체
은퇴자의 덜 여문 고독이 땅거미 치는
산촌의 가을

P의 화실에서

아뜨리에 G. 지친 장자(莊子)처럼 기대앉던 P 화백
그의 무심(無心)이 빈 냄비 위에 꽂히는 순간 흥분한
노 화백의 행위, 망치를 꼰우어잡고 냄비를
내리쳐 두들기고 누르고 뚜들긴다

땀에 젖은 망치는 어느덧 까만 유묵 붓이다

붓이 다 닳을 때까지 감성을 칠하고 뚜들기고
누르고 마침내 냄비는 사라지고 완성된 사이보그
납작한 UFO, 3차원이 제로(0) 차원의 우주로
차원 이동한 사물시(事物詩) 한 편 아방가르드

갯벌 썰매

목젖을 울리고 막걸리 술술 넘어간다
진도 앞바다 아득한 갯벌은 지금껏 선사시대다
나이 든 할머님들 널배* 타러 나와
술 노래 마시고 춤춘다

'고달픈 인생길을 허덕이면서 아— 아—'**
헐렁한 몸빼 엉덩춤 더덩실 흔들며
옛 환국의 어머님들이 사람이 죽으면 타고 가던
칠성판 널배에 몸을 얹고 갯벌을 지쳐 나아간다

수평선 아슬한 저승의 경계 바라보며
먹거리 채집의 고달픈 생애를 술 노래 춤으로
너울너울 널배 타고 백로처럼 이리저리
갯벌을 뒤진다

* 널배 : 갯벌 썰매로 '널배'라 부른다.
** 한산도 작사 백영호 작곡 이미자가 노래한 가요 '여자의 일생' 한 소절 인용.

군함도*에 피는 꽃은

이 봄
군함도에 피는 꽃은
활화산 용암이다
용광로의 피 끓는 쇳물이다
해마다 분노의 쇳물을 쏟아 꽃을 피운다

향기로운 역사의 나라 조선 꽃송이들
일제의 강제 징용인이 되어 절규하던
피눈물의 섬, 군함도의 봄꽃은
사화산의 부활 한(恨)의 무한 분출이다

태풍이 되고 허리케인이 되어
대동아를 휩쓰는 분노한 꽃송이들
이 봄 군함도에 피는 꽃은
군국주의 일제가 지우지 못하는 역사
동아시아 피눈물의 무한정사(無限定史)다

* 군함도 : 일본 규슈 나가사끼 앞바다의 군함을 닮는 섬으로 1940년 일제에 의해 대규모의 조선 징용인이 끌려와 처참한 강제 탄광 노역을 당하며 다수의 사망자도 낸 '지옥섬'이라 불린 곳이다.

2

꽃의 전설

아름다운 날들

1. 도봉계곡

손녀 아가와 놀던 도봉계곡
선인봉 하늘가로 비구름 비껴간다
무더위에 지치던 날들
아가야 네 예쁜 얼굴에 땀 씻어주며 놀던
도봉계곡 놀이동산에서
모든것이 즐겁던 나날이었지

소낙비 그치고 떠오른 무지개 쳐다보고
'할아버지 저거 뭐야?'
'저기 봐 예쁘다!'
오! 이녀석 무지개보다 네 표정이 더 아름답구나!
더위와 감동이 교차하던 여름날들은 가고,

2. 손녀의 유년시절

서늘한 바람 불어 가을이 오네
문득, 쏜살같은 세월을 본듯 먼 산을 응시한다
어린 손녀야 네 앳된 유년의 날들을 같이 보낸 시간들
도봉계곡 물놀이 올챙이 잠자리 잡기
개울 건너 미끄럼 타고 그네 뛰던 놀이터
하얀 예쁜꽃 핀 배나무 과수원 뒤로
자작나무 숲을 지나 오르던 도봉산 언덕길
골목시장 걸어 다니기, 팬시 문구점 구경하기
가로수 은행알 줍고 걸어오던 시절에
너의 동심(童心)과 지낸 하루 하루가
낙원이었고 천국이었구나

3. 분가 후

이제는 분가 하였으니 어쩌니…
그립구나 함께 살며 지나온 날들이…
우리 귀여운 손녀야 건강하게 자라라
씩씩한 네 아빠 엄마의 넉넉한 사랑 받으며
총명하고 아름답게 자라라

정겹던 날들의 추억 못잊어
이밤도 회상에 잠겨 보는데
도봉산 위에 보름달이 환한 네 미소를
영창 안으로 들여놓고 가는구나
오 오 아름다운 날들의 기억이여 영원하라
2010년 9월 10일

손녀 보기

오!
세상 모든 아기들과 같이
귀여운 것아 너 어디서 왔지?
천상의 부모님이 보내서 온 너
한 님의 사랑으로 너는 우리에게 왔지

너와 함께 하며
축복의 날들을 보내는구나
세상의 모든 귀여운 아이들과 같이
네 고집스런 울음 달래면
금방 또 생긋 웃는,
네 신비한 눈동자 지켜보며
꽃이 언제 피었다 진줄 모르겠구나
따뜻한 봄날도 잊고
여름 삼복더위도 그렇게 갔구나.

플룻을 부는 소녀

삐 삐— 무상한 오늘 하루
손녀 아이가 플룻을 불어요
먹구름 하늘 가리고 비가 내려요

눈부시게 날던 오조(烏鳥) 사라지고
환국(桓國)에 내리던 생명의 비
플룻 곡조따라 하얀 눈발 되었어요
무상한 세상 어떻게 바뀔까요?

새하얀 눈송이 되어 날아가는 플룻 소리
소녀의 외로움도 슬픔도 날아가요
오케스트라의 소녀는 상기된 얼굴로
무지갯빛 꿈을 펼치고 또 펼쳐요

뿌우— 뿌우— 마고성 처음 열던 천음 십이율
소녀의 해맑은 눈동자에 빛나고
개벽 새 하늘에 황중월*이 떠올라요
신시 강구연월 정겨운 거리로
세상을 새롭게 새롭게 바꾸어요

* 황중월(皇中月) : 일부 김항의 '정역'에서 선천의 달인 천심월(天心月)의 보름이 후천의 초하루가 되어 뜨는 달을 일러 황중월이라 하였음.

민주의 노래
——빛으로 만든 세상*

1
세상 모든 아이들이 노래하네
귀여운 손녀가 노래하네
동요 〈빛으로 만든 세상〉을 노래하네
빛으로 된 이 세상이 천국이라 노래하네
귀엽고 어여쁜 아이들이 기운차게 노래하네

2
빛나는 눈동자 낭낭한 목소리의 소녀는
천사보다 더 아름다운 신(神)의 딸이네
오 오 천상이 어드메뇨
우리의 아이들이 뛰놀고 달리며
빛으로 만든 이 밝은 세상을 찬미하는 곳
이 세상보다 더 낳은 천국이 어디뇨

3
신이 세상을 빛으로 만들고
우리의 씩씩한 아들 딸들을
귀여운 손녀 손자를 보게 하고

이 아름다운 신의 땅에서
신과 함께 땀 흘리며
사랑으로 삶을 창조하네

4
신의 아이들은 총명하게 자라서
하느님을 닮아 저 은하의 별세계를
하나하나 밝고 따뜻한 빛으로
이화세계 홍익인간의 세상 펼치며
아름다운 낙원을 만들어 가리

5
오 오 아직은 거칠고 힘든 지구여
때로는 고난과 눈물의 고단한 삶이여
저 늠름한 아이들의 노랫가락 따라
꿈과 희망을 쏘아 올리며 우리 함께
신과 함께 〈빛으로 만든 세상〉을 노래해요

* 빛으로 만든 세상 : 어린이 동요 제목 인용.

봄 햇살을 기다리며
——경인(庚寅) 입춘에

혹독한 겨울 추위 언제 끝나나
질환과 싸우는 몸과 마음이
삭풍과 냉한을 견디기 힘들어
겨우내 두문불출이다

영창으로 눈 덮힌 도봉산 바라보며
절후를 헤아리고 일기를 보고
문득 지난시절 적은 시편들을 꺼내본다
어느덧 고희를 넘은 인생길에
남은것은 조야(粗野)한 시편들 뿐이네

몇 편이나 살아남을까 모르지만
읽고 음미해 보는데
지나온 날의 사연들이 떠올라서
힘들고 즐겁던 세월이 모두
두 눈에 이슬 맺히게 하네

경칩 날의 그네

경칩 날에 내리는 햇살 따라
놀이동산에 이르니
빈 그네에는 외로운 햇살이 앉아있네

지난 봄 여름 가을 내내
손녀 아기 태워주며 놀던 그네
그네에서 손녀 목소리가 들린다
"밀어줘 할아버지—"
앳된 손녀의 목소리가 들린다
"그래. 그네줄 잘 잡아라."
"네에—"

지금은 따로 나가 사는 손녀네 생각하며
빙긋이 미소 지으며 차가운 그네에 앉았는데
보고 싶구나
그저 보고 싶구나

가끔씩 데리고 오려무나

가끔씩 데리고 오려무나

너희들 모두 잘 있니?
금동이도 잘 노니?

지난주엔 할머니 할아버지 가지 말라고
조르는 걸 그냥 왔더니 못내 안쓰럽구나
가끔 데리고 오지…
제 할머니랑 도봉계곡에서 놀다 가게

아직 어린 걸 온 날 공부만 시켜서 어쩌냐
오손도손 가족들과 정을 쌓고 자유롭게 놀고
상상의 나래도 신나게 펼치고 즐겁게 뛰며 놀아야
건강하고 사람다운 정감도 인간미도 자라지

보고 싶구나 귀여운 우리 손녀
에미 애비야, 가끔씩 데리고 오려무나

귀(貴) 며느리

낳아서 기른 우리 귀여운 딸은
다른 가문의 며느리로 가고
또 다른 가문의 금지옥엽 키운 딸은
우리 부부 며느리로 왔구나

어여쁜 며늘아기야
자녀가 오고 가는 혼인의 이치는
오묘하고 신비한 사랑법이구나

세상 모든 이가 하늘의 딸과 아들로
지상에 이상향을 이루어 사랑을 나누며 살려는
거룩한 어버이 하늘님의 꿈이로구나
너도 금지옥엽 우리 딸이다

꽃의 전설

1

계절 따라 꽃은 피어서 말 향기 발하네
꽃이 말하는걸 보는사람 많지만
꽃이 하는말에 귀 기울이는 사람들 많지만
꽃이 하는말 듣지않는 사람들이 더 많다
꽃이 하는말 듣고 미소짓지 못하는 사람들은 더욱많다
하여 꽃은 천지의 반가사유상이다

2

꽃은 피어서
하늘 땅 자연을 아울러
생명과 삶을 만방에 펼쳐놓고
사랑의 비밀과 전설을 노래하네

꽃들은 사람들이 꿈꾸기만 하고
잠 못깨서 그렇지
세상이 천국이고 극락이라고 미소를 뿌린다
온갖 향기의 꽃이 피어나는 곳이기 때문이다

하여 내년봄에 피는 백목련 자목련도
세상 온갖 우상과 폭력을 지우며
투명한 빛살로 춤의 향연을 펼칠것이다

숨바꼭질

가위 바위 보…
할아버지가 술래야 열까지 세어

하나 둘 셋… 여—ㄹ
꼭꼭 숨었니 근명아?
머리카락 보인다. 발가락이 보인다
잘 숨었니?

응— 찾아 봐 할아버지
책상 옆에 숨었니, 커텐 뒤에 숨었니…
피아노 뒤야…

… 근명아 못찾겠다 나와 봐

나 여기 있지! 할아버지
어디 숨었었니?
피아노 뒤라 했잖아

또 해 할아버지가

나 못 찾았으니
할아버지가 또 또 술래야.

처서, 무덥던 여름은 지나가고

근명아
엄마 아빠랑 잘 있니?
무덥던 여름, 처서도 지나갔구나
도봉산 놀이터엔 잠자리 날고
귀뚜라미도 운단다
함께 살다가 이산가족 되어
못내 서운한 마음 어쩌니
네가 타던 그네에 앉아본다

'할아버지 할머니. 늙지 마!'
'왜?'
'… 근명이 슬프잖아. 아— ㅇ'
울며 조르던 네 모습이 떠올라
눈앞에 신기루가 뜨는구나

보고 싶구나 아가야
산길에 피고 지는 애기똥풀이
향긋하던 네 요람 같구나
녀석아 다음 주엔 네 할머니와 너 보러 갈게

비 온 후 도봉 계곡 물소리 요란하단다
이 밤도 네 엄마 아빠와 함께
웃음꽃 아름아름 피워놓고
예쁜 꿈나라 그리렴

백로절에

민주야 잘 노니?
오늘부터 가을 이슬 내리는 백로 절기구나
저녁 무렵 개울 건너 놀이터에 갔지
놀이동산을 새로 단장했단다
미끄럼틀도 그네도 벤치도 모두
새로 놓아서 예쁘고 든든하단다

가을바람 벌써 서늘하구나
가로등 밑에 할아버지 혼자
그네도 뛰고 미끄럼도 탔지

다음번 네가 도봉동에 오면
모두 같이가서 놀자
네가 그네 탈때 안 밀어줘도 되나보자
날씨가 서늘해지니 감기 조심하고
이밤도 즐거운 꿈동산 찾아보렴

금동아 너 어릴 적에

금동아 네 어릴적에 어땠는지 아니?
낮에는 우리집 밝고 맑은 해님
밤에는 환한 보름달이었지

네 할머니, 엄마 아빠 너를 안아주고
업어주고 싱글벙글 웃으며
힘든 시절도 즐겁게 살아왔지

금동아 너 어린이집 다닐때 어쨌는지 아니
우리집 가수 무용수에다 미술가였지
낮엔 할아버지 혹부리영감 이야기
네 할머니 밤마다 백설공주
바보온달 홍부와 놀부 읽어주며
너를 새로운 꿈나라로 데리고 다니셨지

MJ 갤러리

MJ 우리 손녀는
분가하여 따로 살지만
도봉동 내가 사는 집 방안은
손녀의 갤러리네
사방 벽에 MJ의 그림이 가득하네

리틀퓨릿 세 공주
숨바꼭질 그림
캐릭캐릭 체인지 그림
할머니 할아버지 생신축하 그림
색칠도 예쁘게 뽐내고 있네
도봉동에 올때마다 그려서 또 붙이네

손녀가 놀다 가면 나는 누워서
그림들을 하나하나 감상하며
싱글벙글 시간 가는줄 모르다가
소등하고 잠자리에 들면
생긋생긋 웃는 아이 얼굴이 떠올라서
천장에다 허공에다 동그라미로

예쁜 손녀얼굴 그리다가
꿈나라로 든답니다

염원

사랑하는 자녀들아
세상을 떠나면 우리는 빛이되리

우리 할아버지 할머님
내 아버님 어머님이
저 하늘의 빛이 되신 것처럼
빛이되어 너희를 비추리
이 세상에 밝고 따뜻한 빛이되리

그러면 너희도 밝은 빛이되어
어디서든 환한 미소와
정답고 따뜻한 얼굴로 살면
그늘지고 슬픈곳도 밝고 따뜻해져
사랑과 즐거움 가득한 세상되리

우리 너희들을 떠나가면 빛이되리
이 세상 비추는 따뜻하고 밝은 빛이되리

아들 내외의 삶

분가한 아들 내외의 집을 보러 간다
귀여운 손녀를 보러 간다

아이들이 만들어가는 새 세상
우리들 미래의 삶을 보러 간다
손녀 손자가 소꿉놀이로 짓는
아름다운 꿈 동산의 모습들
아이들이 꿈꾸는 미래를 보러 간다

더러는 지옥같은 일도 흔한
이 세상을 하늘이 그냥둘까 걱정도 되지만
아이들이 쌓는 공든탑이 헛될리는 없다
무너지면 다시 쌓을것이다
다시 또다시 지을것이다

인류의 신(神) 할아버지 할머니의 염원대로
아이들이 새 세상 만들어가는 모습을 보러
새로운 우리의 미래를 보러 간다

근명이 입학식 날

근명아
나 네 할머니와 일찍 입학식장에 갔지
네 엄마 아빠 손잡고 식장에 들어오는
교복입은 네 예쁜 모습을 보니
제법 의젓하구나
어느사이 어여쁜 소녀로 자랐구나

지난 만 7년의 세월이 순간 같다만
수많은 날들에 네 엄마 아빠와 할머니가
때로는 고달픈 몸을 이끌고
한결같이 애지중지 널 키웠단다
긴 밤을 잠못이루며
네 귀여운 얼굴 보고 또 보고
자리 갈아주고 달래고 안아주고 업어주었지
여름밤은 무덥고, 겨울은 몹시도 춥고 길었단다

그랬더니 네가 일곱살이 되어
예쁘고 아름다운 소녀가 되어
오늘 우리의 앞길에 수다한 새 벗들과

환하고 빛나는 얼굴로
축복을 가득 안고서 걸어오고 있구나
온 가족이 네 초등학교 입학을 축하하러
왔단다 왔단다

어미새의 노래

도봉 계곡과 능선을 날으는 산새
물푸레나무에 앉아 지저귀며
귀여운 새끼들 둥지를 떠나지 못한다
먹이 찾아서 나르고
어린 새들의 똥을 물어낸다

알맞은 나뭇가지로 둥지를 고치고
공중높이 날아서 주변을 경계한다

개울로 내려가 부리와 깃을씻고 다듬기도 잠시
이내 아가들 곁으로 돌아오는 어미새는
저도 모르게 늙어가며 숲을 떠나지 못한다

보금자리속 어린것들은 알지 못해도,
어미새가 온 날을 푸른 하늘에다 지저귀는
아가들과 삶의 찬가는
도봉산 아름다운 숲속 사계
사랑의 교향악이다

3
봄꽃은 또 붉고

2013년 입춘절에

입춘절에 영하 17도라니
한낮에도 함박눈은
쉴새없이 내리고

두문하여 수심결(修心訣)*을 보다가
문득, 묵조선(默照禪)**을 괴는데
해피가 폴짝 내 무릎에 올라앉는다

손을 들어 찰싹 때리니
놀란 강아지 쏜살같이 내빼며
똥그란 눈으로 내 눈치를 뒤지네

저놈은 왜 맞았는지 알지 못하네
왜 때려야 했는지…
나도 생각을 고르는 중이네

* 수심결(修心訣) : 보조국사의 저서. 책 서문에 '수도지인절막외구심(修道之人切莫外求心)' 이란 가르침이 있다.

** 묵조선(默照禪) : 화두(話頭)를 들어 참구하지 않고 다만 침묵

의 세계에 가만히 앉아 조용히 관조함으로써 도를 이루려는 약산거사의 선풍에서 유래.

봄꽃은 또 붉고

북한산 백운대야 너는 부처
전불(前佛) 환웅(桓雄)의 이미지
부도(符都) 하늘의 연꽃 한송이,

꽃바람 꽃술 벌 나비떼
비밀스런 파동 그 입자들이
반가사유로
춘분(春分)을 앓는다

황홀한 색채들의 미소
연(緣) 불연(不緣)이 엉겨서는
화음으로,
불협화음으로
흔들리는 풍경(風磬) 소리

유마힐의 병 소문이 4방 퍼지고
툭— 꽃이진다,
천심(天心) 십오야
일부(一夫) 황중월(皇中月)*의 개안(開眼)

달마 황급히
간방(艮方)의 문을 나선다

* 황중월 : 계미(癸未. 선천의 달 15일)를 초하루로 하는 후천의 달 (一夫의 正易에서).

라일락 꽃 눈부시게 피누나

사월이 기우니
산수유 목련꽃 다 지더니
오 오 따사한 봄날의 햇살이여
오월의 하늘사랑 상큼한 바람결에 실어와
뒷산 언덕에 라일락 꽃 눈부시게 피누나
내 가슴엔 냉한과 감기에 떨던 겨울날들의
묵은 트라우마가 잔설처럼 시리지만
오늘은 라일락 네 상큼한 빛깔과 향기에
취하고 또 취하여
새 희망을 꽃피우는 기쁨으로
아름다운 오월을 노래하노니

고희의 봄

봄이 다시와
눈 얼음 녹고 새싹 움트는데
내 몸은 '춘래불사춘' 이네
이내 몸을 어이하나

봄이 다시와
꽃피고 새들 노래하는데
내 몸은 계절을 잊은 고목이네
머리에 내린 흰 눈이 녹지를 않네*

새봄이 다시와
마음은 춘정에 뛰고
가무에 어지러운 몸이
신명은 아직도 남아 돈다니,

* 고시(古詩)에서 인용.

춘분이 지난 어느 봄날에

햇볕 따스한 시공의 경계에
문득 자목련이 피어나네
바람결에 옥양목 자락 추스르며
꽃의 숨은전설 풀어내는
세상 소란 들리지 않아
나른한 봄날의 산사(山舍)

짧은 해 도봉산 넘어 기우는데
몸과 마음 시름 탓이긴 해도
시 한수 적지 못한 것은
고희가 지나도록
저 꽃의 자태와 향기에 취할 때면
한동안 세월이 오고 간 것과
나 자신을 잊고 지내기 때문이네

뻐꾸기 울음

앙상한 잔설 위에
상앗빛 맨살로 솟은 백목련
서둘러 태양은 달려와서
눈부신 광채로 포옹하는
다시 찾아온 화사한 봄날이여

뻐꾸기도
소월의 싯귀가 그리웠는지
뒷동산에 돌아와서
뻐꾹 뻐뻐— 꾹
온 산마을에 꽃불 타오르네

자목련

동창 뜨락에
자목련이 눈부시네

봄이 온 줄은 알았으나
너의 색향 누구와 캐미 봉오릴 맺었느냐

삼천 어느 하늘에서 불현듯 내려와
이 세상 어둠과 슬픔을 밀어내느냐

산막 노승의 동안거 마름
번뇌를 헤쳐낸 오도 꽃송이
반가(半跏) 한 미소마다
새 생명의 법향 은은한 자태여

비바람에 꽃잎 지네

때아닌 비바람 몰아치니
산수유 진달래 목련꽃잎 다 지누나

따사한 햇살아래
봄꽃향기 낙원이더니

한바탕 거칠은 구름에
낙화유수 허망하구나

애련하다 봄꽃의 향연
부질없이 짧기도해라

상춘객이 번뇌를 털지 못하고
반야교를 건너서 가네

우포늪 그리움

1. 꿈이 사는 곳

우포늪엔 세상 모든 그리움이 쌓여 있다
늘 동경 속에 살아있는 늪의
물결 수풀 흙 언덕과 그늘
햇빛이 빚어내는 삶들의 신비
시공이 멎은 브레인(brane)
별 유성 사람들의 꿈이 사는 곳,

자신을 잊고 사는 사람들이
어느 날 훌쩍 찾아가서
지난 세월의 그리움들을
속속들이 헤집어보는
우포늪엔 우리들 생애의
모든 그리움들이 살고있다

2. 우포늪 그리움

늪지의 갈대밭에
억새 언덕에서 회상에 젖으며
잠자리 날개 진동에 혼미할때
달개비풀 붕어 물벌래들 소근댈때
청둥오리떼가 갑자기 노을을 낚아채면
우포늪 하늘 땅 사람들 마저 불새 될때,

나직이 떠 속삭이는 지난날의 영상들
간직해온 소중한 추억마저
찾아가기보다는
빼앗기고 빼앗겨 애태우며
발길 돌리지 못하는
우포늪 그리움
그리운 우포늪

낙조(落照)

세월은 길 위의 애뜨랑제
다시 한해의
단풍물든 사연
찬바람에 흩어 나네

산막에 묻힌 하루가
아득한 그리움 하나 지우지 못해
눈망울 붉게 물들이다가
서녘 산너울
활활 태우는
낙조여,

반짝이는 저 별

도봉산 겨울 밤하늘에
유난히 반짝이는 별 하나
오들오들 떨면서 쳐다본다

내가 저 별에 다녀오는 날을 상상해 본다
저 별에서 외로운 누군가가
정다운 지구인이 찾아오는 꿈을 꾸어본다

빛나는 저 별에서
반짝이는 지구를 바라보며
아름다운 사람들이 찾아오리라 기대하며
밤이 새도록 등댓불을 밝혀놓고 있을
외계인을 생각하고 상상하노니

은하계가 서로 차원을 넘어
환하고 아름다운 거리가 되는
그 황홀한 우주 문명을 그려본다

가을 운(韻)

달이 점점 둥굴어
한가위가 내일 모래
어머님 가신지 세 해가 지나누나

삼각산(三角山) 가을 하늘은
그지없이 높고 푸르러
낙엽 흩어진 마당가엔
귀뚜리 홀로 서럽구나

더불어 대(ㅅ) 닢에
비 듯는 소리로
수심(愁心) 더욱 깊어라

추정(秋情)

도봉 산색 붉그레
가을 정취 다듬는데
우뚝 솟은 신선봉이
파란 하늘가로
석양을 쏟아내누나

녹야선원이 선경에 들었느냐
무문 화두 꺼내던 스님
고무신 벗어놓고 법당에 드네
염경소리 물결소리
산새가 따라읊네

밤바람 스산한데
계곡 물결 산마을로 흘러가고
석봉위 솟은 상현달이
구름속 고불(古佛)의 자취
길없는 길 더듬고 있네

세수(歲壽) 백세의 어머니

지난날은 어머님 얼굴과 손등의 주름을 보고
애련과 슬픔의 정감 담아 왔었네
백세를 넘기신 어머님은
눈 귀 어두워 자리에 누우신채

너 누구가?
저 보세요
오 승철이가?
예—
…
너 누구가?
저 봐요오
오 승철이가?
예—
되풀이 되풀이 물으신다

노령의 그 모습 엄숙하고 거룩하다
낙엽처럼 뉘신 몸이지만
어머니는 우리들로 살아 계신다

우리가 어머님으로
새롭게 살아가는 것이다

서설(瑞雪)

눈내리는 정월이 하얗다
눈덮인 도봉산
만장봉 선인봉 신선봉이 하얗다

산기슭 자작나무 숲에
백설공주가 잠자고 있는지
과수원집 연통 연기가
함박눈 사이로 뽀얗게 흩어진다

도봉산 입구에 엎드린 차들도
하얀 옥양목이불 잔뜩덮고 잠들다
가로등 불빛에 눈이부신 눈송이들이
소근거리는 소리들만 발그레 붉었다

귀와 보청기

봄눈녹은 도봉산
물소리 산새울음 듣는 계곡길에
뚝— 보청기가 꺼지고
내 귀는 칠흑 벼랑과 마주섰네

마침내 산의 온갖 신비 들려오고
웅장한 오케스트라 비발디의 〈사계〉가
꽝! 꽝! 〈운명〉으로 바뀌고
클로즈업 두 얼굴 베토벤과 뭉크
귀를 마주잡고 공포를 터트리며
비명을 지른다

죽은 보청기가
세상 모든 소리를 삼킨
적멸의 시간, 내 귀는
세상 만물을 울리는 범종이 되었다

4

도봉산에서 투우하다

도봉산에서 투우하다

도봉산 오르는 날은 소와 한판 싸움을 한다
도봉사 담벼락이 십우도(十牛圖) 진을 치고
내 갈 길을 막아서기 때문이다
오늘도 날뛰는 누렁이를 마주쳐 겨우 잡은
놈의 심중을 끌어당겨 배지기를 시도하고
누렁이는 뿔을 꼬느고
저돌적으로 달려든다

본래의 나는 어디로 갔는가?
소와 소가 싸우고
또 하나의 내가 또 다른 나와 치고받는다
나는 누렁이고 누렁이가 나다
오늘도 무승부다

그래도 소와 싸우는 일은 재미있다
생애 후반전 화두가 심심찮다
내일은 도봉산 거북바위 타고 내려와서
누렁이의 코뚜레를 단단히 꿰어잡고
놈 삼생의 꿈속까지 하얗도록 쓸어내면

'심우도' 아성을 깨고
마침내 '기우귀가(騎牛歸家)'* 할 수 있을까?

* 기우귀가(騎牛歸家) : 남송 곽암선사(郭庵禪師)의 '尋(十)牛圖' 중의 제6도. 소를 잡아들인 후 나를 찾고 소를 타고 피리 불며 본향으로 돌아온다는 뜻을 표현하고 있음.

지촉(紙燭)

그믐밤에 켜든 지촉(紙燭)
용담*이 훅— 불자
고무신을 찾지못한 덕산**
눈앞은 칠흑의 백척간두,

삼세(三世)의 마음 어디에 점을 찍을까요?
답을 맞추면 스님께 떡을 팔겠소
길가 떡장수 노파의 심문(心問)에
어깨에 맨 책 속의 답을 잊고 배 곯은 덕산
빛이 사라진 절대 암흑 속에서
비로소 밝은 눈 뜨고
지고 온 '청룡소초'*** 불태우네

법문은 그저 삿대
지촉은 잠시 나룻배
두 눈이 한 시야 이루듯
법을 멸한 후 길 없는 길
무문(無門) 심지에 불이 당겼다니,

* 용담 : 당대(唐代)의 남종의 대선사.

** 덕산 : 당대 북방의 선사로 금강경 강해 '청룡소초'를 지음.

*** 청룡소초(靑龍疏秒) : 덕산이 '금강경'을 강해한 책.

누에고치

저 고치 안에 번데기 혹은 누에가 슈레딩거의 고양이처럼
잠자고 있을까? 확인하는 순간 살아 있을까 죽어 있을까?
누에고치를 열어 양자(量子) 현상이 있나 보고싶다

생명과 사랑 고독과 기다림이 중첩된 운명의 고치 속에서
누에는 명주실을 짖는 그 기나긴 시간을 얼마나 고요히
시를 쓰고 읊고 기다렸는가?

시절인연 따라 재회와 이별과 그리움의 실 오라로 수를 놓은
사랑의 빛과 입자들이 여문 하얀 시, 어머니는 나직이 창(唱)을
내시며 물레를 몇 바퀴나 돌려서 그 시를 다 감을 수 있었으랴

고독

달처럼 나 홀로 깨어 있어서 고독한게 아니다
절친한 벗과 함께있어도 외롭고 그리운 것
광장, 강당, 시장 사람들 속에서도 혼자이고
뭉크의 절규로도 헤어날 수 없는 고독감은
세상에 나는 나 혼자라는 의식 무의식이다

지금의 나가 본래의 나가 아니라는 각성,
본래의 나를 잃어버린 깨달음인가
하여 내 삶의 공간에서 내닫는 시간의
물결 속에 본래의 나와 하나되지 못하는
강물 속 달과의 원격 동행이 고독이다

천강(千江)에 월인(月印) 뜨니

1

도봉산 만장봉에 노을이 진다

거북바위 바라보며

발길을 돌려 하산하네

산새가 포르르 따라온다

오 그럼! 우린 본래 하나지

'인우구망(人牛俱忘)' * 하고 내가 손을 내밀었다

새는 망설임 없이 내 손바닥에 앉아 갸웃거린다

… 아뿔사! 내가 또 빈손이구나

새와 함께 내가 무슨 신선된 줄 착각했구나

자연이 나와 한몸이라 늘 뇌면서도…

2

눈 쌓인 겨울 저녁 어둠사리 서서히 깔리는데

곤줄박이는 배가 많이 고플까

나를 따라오며 폴짝폴짝 애원한다

미안하다 형제야 다음엔 먹거리 꼭 가져올게

나도 이제 배고프구나

그래 네가 소〔牛〕고 나다
천강(千江)에 월인(月印)** 뜨니 모두 한님의 분신이네
이 자리도 천지시공 모든 길로 통하네
얼음 녹아 일수(一水)는 태극 돌고
쓰러진 고목에 새잎 돋아 손풍(巽風)에 입 맞추네
삶과 죽음, 있고 없음이 언제나 공하니
소멸이란 본시 착시던가

3
산행에 겨우 느낀 것이 꿈결인듯 하고
곤줄박이 새도 이미 간 데 없네
어느결에 깜깜한 산길을
허기와 시간에 쫓기어 하산을 서두르니,
타고 가던 소도 날 버리고
도봉사 심우도(尋牛圖) 속으로 사라지네

* 인우구망(人牛俱忘) : 심우도(尋牛圖)의 제8도.
** 천강(千江)에 월인(月印) : '월인천강지곡'의 말에서 비유로 인용한 것.

일산호의 저녁노을

1
만추의 일산호에 노을이 지네
햇살 눈부신 금물결이
내 발길 따라 남실남실 춤추네
석양 가뭇지는 호수의 정경
저녁달이 떠오르며 적막 드리우네
호반가 빽빽한 마천루들 한숨짓고
서편 저 멀리 전원의 숲과 길이있네
거기 황혼 달빛 어른거리는 곳에
옛일 떠올라 그리움 사무치고
오래된 환희들 머물러 속삭이네

2
추억의 회상이나 환청만도 아닌
예와 현실이 포옹하고 꿈꾸는 호숫가
시공은 은은한 몽환의 노을 속
달빛 쏟아지며 멎어버린 시간이여
한 순간의 영원 속으로 날 오라 부르네

3

내 생애의 긴 세월 지나갔지만
오래된 꿈들은 사라지지 않았네
현실로, 새길로 이어져 예까지 왔네
호수야 네 춤추는 물결의 파동마다
정겨운 옛님들의 목소리 듣노니
지난날 유년 소년 청춘의 벗들을 생각하며
정든 그 이름들 하나하나 불러
석별의 옛노래 다시금 불러 보노라

금호강에 다시 와서

아주 오랜만에 왔네
다시금 금호강을 찾아와서
파두와 함께 향기로운 강변을 소요하네

하늘 깊이 잠긴 강물 푸르고
수목 야생초 아담한 강변길 걸으며
파두와 시담(詩談)을 나누는데
발길 따라 시절 인연의 향기 피워내며
접시꽃 긴 행열이 따르며 나부끼네

이후 나는 '채우'를 '금호(錦浩)' 그리고
'파두(琶斗)' 라고도 부르게 되었네

달항아리

천심월(天心月)
단군조선
배달민족의

황중월(皇中月)
환한 동이
동방의 등불.

수도리

천문도(天文圖)
그려 앉은
강구연월(康衢煙月)의

일월(日月)이
함께 내린
물도리 마을에

일감수(一坎水)
북극수정
강줄기 되어

세상은
물 천하
참 맑은 한아름

안
팎
이 하나네

일출 월보

동산에
앉아 보리(菩提)

일출 월보(日出月步)에
마하 취해 반야(般若)

서산에
해그림자

달그림자에
동산 나그네야

기우귀가(騎牛歸家)
찰라

가을 보름달

귀뚜리
또르르
고적한 밤

기러기 떼
고향 만 리
하늘은 멀어

어머님 그리워
달을 쳐다본다

어머님
환한 얼굴
보름달 밤에
눈물 괸 단지야

도봉동 풍경

도봉동에 눈 내릴땐
도봉산 석봉들은 하얀 무소뿔이 되고
우리 동네는 길없는 선경(仙境)에 든다

방생, 절로 방생하는 이승에
누가 굳이 입전수수* 않아도
시장 거리의 볼 붉은 아낙네
생긋 웃는 아가와 눈 맞추고
귀여운 아이 손잡고 걸어가네

봄꽃 색과 향기
자연이 아름답다 해도
방긋방긋 웃음꽃 피는 저 무위(無爲)
모자의 사랑스런 모습만 하리

* 입전수수(入廛垂手) : 곽암선사의 십(심)우도十(尋)牛圖 중의 제10도로 '저자에 들어 손을 드리우다.'

매물도 진흙소

어데 데― 이랴― 이랴―
누렁소가 사람을 부려
쟁기를 끈다

스스로 자기코에 코뚜레 꿰어
사람손에 쥐어주고,

어데 어데 이랴 아―
발길 뗄 때마다 누렁소 등살이 갈라진다
뻘건 살속에 지렁이가 굼벵이가 꿈틀거린다

사방바다 격랑을
눈망울에 잠재우는 매물도 진흙소
노인을 앞세워 불가득 현재밭 헤쳐 나간다

과거밭 고삐 끌어안고
미래밭 풀어헤치며
하루해가 저무는 불연(不緣)의 섬
무생법인(無生法忍)을 갈며 간다

도선(陶仙) 백산(白山)*

병자(丙子) 화춘 나들이로
문경 진안(陳安) 다다르니

백산이 물래 돌리다 말고
우전(雨前) 한 잔 맛보자네

흙 기운 그윽한 영남요에
선조의 얼은 서리서리

세재 석간수로 우전(雨前)을 우려내니
난향인가 진향인가 초의가 빚어낸 듯

도선의 질박한 정의(情誼)
다향(茶香)과 다름 아닐세

* 백산白山 : 경북 문경 영남요(嶺南窯)의 김정옥 님 (사기장. 국가무형문화재 제105호)의 아호.

낮달

밤새 술을 게운 아르테미스(Artemis)*
속을 허옇게 비운 채로
도봉산 신선봉에 기대어 존다

때때로는 나도
고단한 인생길이 느껴질 때면
손녀가 불어올리는 비눗방울처럼
말갛게 속 다 비워놓고
자운봉 넘어 떠다니다가
니우(泥牛) 스님 만나면
선(禪)에 시(詩)에 취하며 술을 부으며
오온(五蘊)** 7색 무지개로 떠다니다가
산개울 바닥에
물소리 염불소리 베고
단잠 드는 낮달이 되어보고 싶다

* 아르테미스 : 그리스 신화의 달의 여신.

** 오온(五蘊) : 물질과 정신을 5분한 것(색色. 수受. 상想. 행行. 식識).

코뿔바다오리와 동종에 관한 몽상화

인사동의 한 갤러리
피카소의 캔버스를 뛰쳐나온 코뿔바다오리 퍼핀
내 주위를 뱅 뱅 꽥꽥, 엉뚱한 코뿔을 뒤뚱거리며
북유럽 아이슬란드 빙하의
빨간 코뿔바다오리 피카소가 날 훑는다
먼 동방의 호모 세피엔스 세피엔스가 신기한 듯…

피카소가 코뿔바다오리 머리와 코뿔 주둥이에
그려 놓은 몽상화, 상원사 동종 유두와 종통이
연상되는 두 미학의 대조,
회화와 동종으로 각각 매달아 놓은 천지의 관음,
코뿔바다오리 코뿔이
피카소가 되어 미지의 세상을 펼치는 몽상화,

보리(菩提) 심어 빚은 심인(心印)을 때리면
용뉴의 종통으로 바라밀다 젖 쏟아내는 동종
이 둘이 불이(不二) 등식으로 쌍생성 쌍소멸의
시이소, 코뿔바다오리와 동종의 포괴가
팔괘의 동서에서 해와 달이되어
숨바꼭질 한다

태초의 그리움, 님

1
어디 있는가 태초의 님
드넓은 시공 어디에 있는가
가볍게 내려앉는 나뭇잎
바람결은 어디서 비롯하는고
형상 없이 배회하며
생명의 님 봄 꽃송이로 띄워
무궁 세월을 피고지고
망향의 노래냐

2
이내 마음 또한 무한시공
막막한 어둔 밤엔
보이지 않아서 더욱 간절한
보고픈 이승 저승 인연들,
달빛 아린 추억 반추하며
하나하나 아득한 별 떨기로 반짝이고,

한낮엔 태양의 씩씩한 노래와 춤사위로

혹은 은애의 글 그림과 조각들로
아무리 채워도 투명해서 애타는,
뭇 생명의 사랑 보듬은 저 부모
천지간에 크나큰 공덕이여,

3
우리 몸 또한 어느 날 세상 떠나
가볍고 사뿐한 영기(靈氣) 되면
이 신비로운 시공간에
신(神)이되어, 천사(天使)되어
무한한 사랑의 날개 펼쳐
아름다운 지구와 은하의 뭇 생명들에게
눈부신 빛과 뜨거운 열정으로,
송이송이 꿈과 희망의 샛별로,
쉼 없는 바람, 비와 눈송이로
온 우주를 환하게 채우리

5

무기(無記)

무기 · 1

마음에 경계를 지어
스스로 고해를 지어
번뇌를 벗은 법(法)은
열반이라 하든가
누가 열반에 들었는가

1(태극)이 0(공)과 하나인 독존
여래의 무생법인 어찌 따를손가
해탈이란 마음 밖의 관념의 실재에
누가 실존으로 들 수 있는가

한 생각이 관념으로 들어가서
번뇌와 열반을 오락가락 하는 수행
윤회를 돌고 도는
뫼비우스의 띠

무기 · 2

생명 하나
일이화삼 하고
회삼귀일 하여
너와 나 우리
동일한 하나임을

내가 부모고 자손이 곧 나이고 부모이며
한 생명으로 하나님임을
천국과 지옥 죽음과 삶 가르는 날
이분법은 무기 아니리

무기·3

영생…?
내 생명 어디 있었나
한님 할아버지 할머니께 있었네
아버지 어머니께 있었네

우리 부부에게 있고
우리들 자손들에게 있네
모두가 나 자신 너 자신이네

새봄 복숭아꽃 살구꽃 너와 내 생명이네
우리 무상(無常)이고 상(常)이네
마음 따라 천국이고 지옥
한님 세상 너와 내가 불이(不二)네

무기·4

——대왕암에서

에밀레종 소리가
토함산 석양을 물들일때
동해 용궁 포뢰(浦牢)는
대왕암 바다로 나와
외뿔고래 뿔을 부여잡고 운다
만파식적(萬波息笛)으로 운다

외뿔 피리되어
세상의 모든 파도를 달래며
범종에 매달려 범종을 울리고
자신도 애타게 운다
삼한 백성의 오랜 한을 달래며
만파식적으로 운다

무기·5
—제사(祭祀)

큰 절 하늘에 올리며
조상님들을 맞이하네
그리운 회삼귀일(會三歸一) 만남의 향연이네
낳고 기르며 정들은 세상살이
기쁨과 슬픔 눈물의 노래 절로나고
생명의 고귀함 되새기는
조상님들과 온 가족이
삼세(三世)를 함께하는 축제
사랑의 생명을 내신
하느님의 본향을 그리는
아리랑 신시* 소도**의 향연이네

* 신시(神市) : 배달 한웅이 세운 개천 건국의 나라.
** 소도(蘇塗) : 삼한시대 하늘에 제사 지내던 성역.

무기·6
——마음 밭

눈 한번 감으니 마음은 무극(無極)
3극을 왕래하는 심령의 길
이승은 지옥과 극락의 시공간
천심 지심 인심의 통로로
마음은 신의 의식을 끊임없이 구현하네

감은 눈 다시뜨니 낙서(洛書)판에
쉬레딩거의 고양이가 눈을뜨네
푸른 하늘에 구름 흘러가고
산야에 꽃들 웃음짓고 향기 진동하더니
눈 다시 감으니 3계가
무극으로 회귀하는
시뮬레이션

무기·7

녹야선원* 스산한 가을밤에
달이 물을 뚫지않고
산개울 바닥에 앉아있네

읽고 또 읽은
야보**의 금강경오가해도
내 무딘 마음 뚫지 못하네

흐르는 세월을 부여잡아
물살을 멈춰놓은 저 '천심(天心)의 달(月)***'은
내 눈이 '황심월(皇心月)****'을 여는지 보고 있었나
나와 달, 누가 더 어리석은가?

* 녹야선원 : 도봉산 계곡의 한 사찰.
** 야보 : 소주 출신의 야보선사. 그의 '금강경오가해'에 월천담저수무흔. 月穿潭底水無痕(달이 물밑을 뚫어도 물위에 흔적조차 없네)에서 인용.
*** 천심월 : 선천의 달.
**** 황심월 : 후천의 달.

무기·8
— 연기(緣起)

너와 나의 탄생
우연인가 필연인가?

그대 아리따운 님을 어찌 만났을까
향기 만발한 장미꽃밭에,
나비 벌들 색연(色緣)따라 모였다가 헤어지네

만남과 이별 설램과 번뇌여
인연도 윤회의 굴레인가

아난다여
연(緣)을 풀어 나를 버리고 버리면
번뇌를 벗은 무생법인의 참 나가
마침내 있다고 들었는가

무기 · 11
—불연·기연

노담(老聃) 그대 노자인가?
그대 무위(無爲)는
그러하고 그러하지 않네

나가르주나가
흐려놓은 개울물 속
이지러진 달을 들여다 본다
물이 저절로 맑아지는지,

물살의 흐름 부단한
태극 운동으로
물결이 맑아지나니,

자연은 무위(無爲) 하고
또 유위(有爲)하나니
그러하고 그러하지 않네
둥근 달이 다시 이지러지네

무기 · 15
—— 뫼비우스의 띠*

일상(日常) 삶의 궤도
뫼비우스의 띠일까?
삶과 죽음 윤회의 틀
살아생전과 연결고리 시지프스의 고뇌
그대와 내 생명의 허리를 맨 띠
살아서 죽고, 죽음을 돌고 돌아
다시 살아나오는, 벗어날 수 없는 순환
불사조의 운명은 뫼비우스의 띠일까?

아인슈타인의 이퀄(equal) "=" **,
$E=mc^2$(제곱) 신명의 기운
빅뱅 후 억압된 고정관념의 틀을 깬 사유
오! 영원을 맹세한 사랑아 네 설렘의 자유로
은하 가득 꿈꾸는 별들의 로맨스
너와 내가 앓는 남모를 연정, 아픈 사랑도
지금껏 애증의 궤도를 벗어나지 못한,
뫼비우스 띠의 역사여
진화하고 있는가?
그대 멈춰있는가?

* 뫼비우스의 띠 : 독일 수학자, 천문학자인 뫼비우스가 발견한 '위상기하학적 곡면' 으로 안으로 가보면 밖으로 밖으로 가보면 안으로 돌아온다.

** E=mc2 : '에너지는 질량과 광속의 제곱'. 이 공식에서 주목하는 것은 '=(equal)'로 '같다'는 뜻의 고정된 부호에서 '…로 화하다.' '…로 변하다.' '…이(로)되다.' 등의 뜻으로 진화하고 있다.

무기 · 16
—그 목소리

집을 떠나 베론
나를 떠나 절두산
너를 향한 통곡이 벽
세상 모든 길을 떠난 순례의 길
걸어도 걸어도 무소, 머나먼 두 뿔 사이
회개—용서, 사랑—순교 그 무문(無門)의 길,

골고다 언덕 목가(木架) 아래는
사라진 시몬 배드로 일행, 배드로 일행
죽은 자들 무덤 앞에는
어머니 마리아여, 눈물
막달라 여자 마리아여, 눈물
사랑의 아픔 어이하리
이별의 슬픔 어이하리

엠마오로 가는 길에 그이 음성
갈릴리 호숫가 고기 굽던 그이 음성
그대 절망적 배신을 화두로 던지던
그 목소리, 그 목소리

시몬아,
시몬아,
시몬아,
네가 나를 정말 사랑하느냐?*

* 성서에서 인용.

무기 · 17
—매화독존

한밤 홀로 돋은

백매화 한송이

천상천하 매화독존

사방팔방 삼라만상

너도나도 실존재자

아름답고 사랑스런

색향미 법열의 향기

시방세계 누구나

매화 송이송이 꽃

참 존재자 세존일세

천상천하 매화독존

환국(桓國)의 새
—신 아리랑 · 10

13—1
고난에 처한 한 생명을 돌보지 못했더니…

아파트 어린이 놀이터 모래밭에
세살 손녀와 할아버지
그네를 타다 부채를 만들고 있었다.
갑자기 하늘에서 황홀한 빛이 눈부시고
작은 불덩이가 떨어지듯 내려오며
껍질이 사방으로 갈라진다.

"하야어지 새다—!"
검청색 새 한 마리가 날개를 치면서 모래밭에 떨어졌다.
나를 보자 도망치듯 파닥거렸으나 날아오르지 못했다.
비둘기 보다 작다.
동네 참새 까치들이 날아와 텃세 부리며 위협한다.

13—2
"검청새야 이리 와!"
새는 그러나 나를 피해 손녀 아이에게로 가서 안기는 것이었다.

"눈이 무서워요 하야어지—."

"너 왜 내게 안 와, 널 보호해 주려는데.'

"…당신은 악인이야." 새가 나를 쏘아보며 소리쳤다.

"새가 눈으로 말해요. 하야어지."

"뭐… 내가 왜 악인이야 이놈아.

부채〔扇子〕를 만들어 나누어 주고 있는데… 봐! 봐!

좋은일 하며 살고 있잖아… 악인이라니, 그놈 참…"

"하야어지 누네 그옇게 쓰였데요."

13—3

까치 한 마리가 기어코 검청새를 걷어찼다.

새는 아이에게서 튕겨져 모래밭에 뒹굴었다.

참새들이 달려들어 마구 쪼아댔다.

"피난다. 피! 새가 아파! 무셔워요 하야어지—"

참새와 까치들을 쫓아내고 검정새를 안았다.

새의 머리에서 피가 자꾸 흘러 내 하얀 옷에 물들었다.

"이제 괜찮아. 머릴 지혈해야 하겠구나 너."

"야! 그런데… 내가 왜 악인이야?"

"…당신은… 죄인이니까." 피묻은 눈으로 새가 나를 쏘아보았다.

"당신은 세상 율례에 묶여 살 뿐, 이 문명의 탐욕을 좇아왔으니 그게 죄를 쌓았어요. 그게 당신의 눈을 덮고 있어요.

그건 하늘을 잃은 생명이 죽은 눈이에요."

13—4

"하야어지 섀가 피가 마니 나요."

새의 머리를 손가락으로 눌러 지혈하며 가엾은 새의 머리를

내 볼에 갔다 댔다.

"…따뜻해요! 따뜻해요!"

부리를 내 볼에 비비며 검청새가 말을 계속했다.

"당신의 측은지심 저 깊은 마음속에 참사랑을 가두어 놓았어요.

그것이 죄예요.

사랑은 저 하늘의 것 하늘의 도리에요.

사랑을 풀어 세상에다 심고 나누세요.

향기로운 꽃 피우고 알찬 열매 맺어요.
그 하나를 셋의 덕으로 한 님의 나라를 땅 위에 베풀어요.
심봉사도 눈의 허울이 벗겨지고 생명의 나라를 볼 수 있어요.
아름다운 빛의 세계에 들 수 있어요.
이 세상도 아름다운 날들로 빛과 생명의 나라가 될거에요.
나는 아름다운 당신들의 고향에 살아요."

검청새는 불타는 태양을 쳐다보았다.
태양 광선에 새의 눈이 크게 부풀었다.
풍선 같은 새의 눈에 동영상 화면이 나타났다.

13—5
하늘에는 자미원을 중심으로 천문 28수가 새 빛을 발하고
천심의 달이 물러가고 황심의 달이 밝게 빛난다.
땅에는 신천지가 펼쳐지고 천하대장군 지하여장군이 나타났다.
동서남북에 각각 청룡 백호 현무 주작이 날고 뛰며 춤춘다.

화면이 바뀌고 징 장고 꽹과리 북소리 우렁찬 가운데 삼성

(三聖)의 윷놀이 윷가치가 오행 운기 행역하고 마고자를 입은 유위자(有爲子)가 환단의 옛 신선들과 복사꽃 살구꽃 아래 모여 정역의 절후(節候)를 의논하고 왕산악 백결 박연이 10천간 12지지의 음율을 고르며 무지갯빛을 방사한다. 마리산에서는 천지인 정음(正音)으로 개벽을 선포하고 백성들의 잔치 마당에 아리랑 춤과 노래소리 끊일줄 모른다.

13—6

이윽고 검청새의 눈동자 화면이 뒷걸음 걷듯 사라진다. 새는 이미 눈을 감고 있었다.

나는 새를 보고 물었다.

"그럼 너는 여기 어떻게 왔니?"

"새가 하늘을 보래요. 다! 다리가 세개야! 앙—! 새가 죽었어요 할아버지— 이—!"

아이가 소리 내어 우는 순간 북극성(Polar star)이 한줄기 찬란한 광선을 쏟아 내리면서 검청새는 북두칠성 두표를 타고 포르르 날아올랐다. 방사형의 UFO 하나 차원의 중력을 접었다 폈다 하면서 눈부신 속도로 창공 높이 날아갔다.

"오! 오! 저 새가 환국 신시(神市)의 삼족오(三足烏) 였다니!"

13—7

지난밤의 꿈에 사로잡힌 새날에,

아파트 놀이터 수풀 속에서 죽은 비둘기 한 마리를 보았다.

지난봄에 보았던 그 비둘기, 다리 한쪽이 없어 외발로 서서 넘어지며 동료 비둘기들에게 구박 당하며 먹이를 잘 쪼지 못하던 그 수척한 작은 비둘기, 늘 측은 했지만 내가 어떻게 도움을 주지 못했던, 그 새를, 그 새를… 고난에 처한 한 생명을 돌보지 못했더니….

율려(律呂)

1

들숨 날숨
한 목숨이 그 사이에 있네
그러한 너와 내 숨결이
우주의 율동이네

태극 음양의 유희
생명의 좌우 날개
흥겨운 가무 아리랑

한 줄기 빛의 환희
파동과 입자의 어깨동무
천진무구 소꿉놀이네

2

고요한 숨길 열어
은하에 무량대수 별들 뿌려놓고
태양을, 지구와 달을 낳아
서로 손잡고 화음으로 호흡하니

이게 웬 세상인가

시나부로 천명을 타는 숨결의 자유
바람 되어 꽃가지 희롱하고
강물 주름 딛고 저 갈대로 가면
미운 정 고운 정 쌓인 그리움
매화 가지는 견디지 못해
빨간 꽃봉오리 새 세상을 여누나

포스트 코비드19
—시절인연

1

인연, 9제곱분의 1*로 계산해 보자

0.0123456790123456790123456…

끝없이 되풀이하는 윤회, 무한수열로 줄어드는 자기장에 길 잃는 철새들의 절망적 방황

미시세계 바이러스의 발현은 축미진술로 지축의 천지전위 되기 직전의 펜데믹일까?

2

이 순간도 흔들바위 궤도를 도는 행성에서 시절인연이 되풀이되는 시절인연의 실수로 허수로 되풀이되는 9제곱분의 1로 북해를 돌아나온 연어들의 첨예한 성감대 올림프스 신들의 사랑법으로 교미하고 산통을 끌고 밀고 남대천을 거슬러 오른다.

3

연어의 신전 무상한 적막의 신상 아래로 치어들의 나유타 겁(劫) 인연들아 나홀로 가는 길 그림자 질긴 카르마, 달마는 지금도 비로자나궁 나그네로 텐산산맥 넘어 아무르강 물결

따라

전생업보 걸음 걸음 염주를 헤고 너와 나 우리들 우연 필연의 시절인연은 코비드19 광란의 시절에도 무궁 세월 인연들의 업보를 수놓을 것이라.

* 9제곱분의1 : 9x9=81로 81을 1로 나누면 0.0123456790123456790… 으로 무한 반복됨.

신전의 돌

사막 스핑크스와 피라미드의 비밀,
니비루(Nibiru) 행성 우주인들의 지구왕래 시절
엔키(Enki) 아눈나키 마루둑* 신인들의
신전의 돌과 석판들은
메소포타미아 수메르 문명이 기록한 신화와
수수께끼가 된 그림과 문자를 가득 떠안고
말없이 말을 하고있다.

지금도 외계의 신들은 스텔스 기능으로
지구 인류의 접촉을 피하고 있을까?
사람의 DNA에 숨어 인류를 조정하고 있을까?

먼 옛날 신들의 궁금한 이야기
신전의 비밀을 쉼 없이 바람에 풀어낸다
세상이 다 듣고 온 소문의 역사이지만
아무나 알아듣지 못하는 신의 전설들이
인류의 출생과 진화의 비밀들이
돌의 신전만큼 무거운 비밀들이
절대 독단과 번제물의 피로 쌓은 신들의 제단에

기원전 햇빛 달빛이 구름이 비바람이
돌의 입으로 굳어 적막하다

* 미스테리(유튜브) : 지구 태초의 문명 네필림의 역사 '수메르' 외 참조.

| 해설 |

취운(翠韻), 혹은 누에의 시간

취운(翠韻), 혹은 누에의 시간

김상환
(시인·문학박사)

1

돌아보면 인생의 희비와 애락의 지난 세월은 취운재(翠韻齋) 박성철 시인에겐 이번 시집의 제목처럼 『아름다운 날들』이었다. "도봉산 위에 (뜬) 보름달이… 영창 안으로" 비치는 날 시인은 아름답고 신비로운 취운(翠韻)의 소리를 듣는다. 그리고는 이렇게 탄(嘽)한다." 오 오 아름다운 날들의 기억이여 영원하라"(「아름다운 날들」). 그가 서울 도봉 일대에서 지낸지는 벌써 십수 년을 넘어서 있다. 도봉은 두고온 고향의 백산(白山)을 닮아 있다. 도봉의 산과 숲, 사계의 자연은 여여하다. 도봉은 둘도 없는 손녀와의 둘도 없는 놀이터이며 마음의 쉼터다. "도봉산 놀이터엔 잠자리 날고/ 귀뚜라미도 운단다. …비 온 후 도봉계곡 물소리 요란하단다."(「처서, 무덥던 여름은 지나가고」). 그런가하면, 도봉(道峯)의 도(道)는 취운재 시인의 지향과 내면에도 부합한다. 이번에 상자한 새 시집 『아름다운 날들』을 보면, 도봉은 물론, 적막과 무기(無記), 견성과 환국, 율려와 법열, 태극과 무극, 천심월과 황심월, 월인과 심인, 무생법인(無生法忍) 등, 도의 개념들과 사유 이미지들이 즐비해 있다. 그리고 시집 「자서」에는 십현담 가운데 제1현담인 심인(心印)의 제6구가 나온다. 장유홍로회이연(將喩紅爐火裡蓮; 붉은 화로 속에 핀 연꽃에 비유하나니)이 바로 그것. 이는 제1현담의 비(批)에서 언급하고 있는 백화원종화이생(百花元從火裡生; 모든 꽃은 원래 불 속에서 핀다)과도 맥을 같이한다. 시의 기쁨과 지혜가 발현되는 순간이다. 취운재 시인은 이제 사유의 숲을 거닐며, "현(玄)의 세계를 여행하는 탐험가"로 자처하고 나선다. 현은 마음, 즉 "심으로만 보는 것이 아니라 심의(深意)를 깨닫기 위(한) 신(神)"(「책머리에 —시를 읽고 쓰는 즐거움」)이기도 하다. 그의 시는 현의 울림과 모험을 추구한다. 삶의 새로운 깊이를 깨닫고 차원을 상승시키기 위해 부심하며 시인은 이렇게 질문한다. 그대는, 나는 누구인가?

> 소크라테스는 그대 자신을 알았을까?
> 산수유 꽃향기에 흠뻑 취한 봄날 하오
>
> 꿀을 따는 벌 나비 발에 묻어가는 꽃가루는 누굴까?
> 저게 신(神)이 아닐까?
>
> 한때는 나 자신을 알았다 했으나 새 봄날에 다시 나를 모르네
> 또 다른 내가 앞을 막고 섰으니. 또 다른 스핑크스의 수수께끼
> 가 길을 막으니
> 해답은 저 산수유꽃을 살랑 입 맞추고 가는 바람, 바람과 가

느란 향기 그리고

지고이네르바이젠 사라사테의 바이올린이 집시의 설움을 울리는 저녁녘

지신(地神)의 몸 위로 억겁의 윤회를 가볍게 적멸에 내려놓는

저 산수유 꽃송이들은 아는 듯

나 자신을

에로스(Eros)도,

사신(死神)도,

—「그대는 누군가」 전문

'나'는 누구인가? 봄날 하오, 이러한 물음은 시와 삶의 궁극적 지점이자 사이—존재의 물음이다. 여기서 사이—존재란 어느 쪽에도 속하지 않으며 양극을 포함하는 새로운 중심이며 진리의 영역을 말한다. 나와 타자, 꽃과 꽃가루, 말과 사물, 존재와 무의 사이로서 그것은 수수께끼. 여자의 머리, 사자의 몸, 새의 날개, 뱀의 꼬리를 가진 스핑크스, 그의 수수께끼가 갑작스레 우리의 길을 가로막는 것은? 일자와 다자, 차이와 타자의 현상이다. 하여 스핑크스와 목소리, 신(神)이라는 일자(一者) 속에는 "꿀을 따는 벌 나비 발에 묻어가는 꽃가루"처럼 이미 바람과 향기와 소리가 내포되어 있다. 이런 다양체와 사랑의 진리를 "저 산수유 꽃송이들은 알까?" 너 자신을 알라(nosce te ipsum)"고 하는 소크라테스의 명제가 여전히 유효한 것은 나는, 사랑과 죽음은 미처 알 수 없고 말할 수 없는 경계에 있다. 내가, 그대가 누구인지는 '다만 모

를 뿐'이다. 한 송이 꽃을 통해 억겁의 윤회와 적멸을 간취해 내고, 존재의 물음을 새롭게 환기하는 나는 허공 위를 홀로 가는 어름사니.

어름사니
적막 위에 핀 바람꽃
한발 한발이 공(空) 허(虛) 극(極)이다
절대(絶對) 무(無)다

티벳 설산 백척간두에서
오체투지로 캐고 캐는
저 불확정성의 원리 하이젠베르크여
겹겹이 꼬인 과잉사고 잉여 언어를
깨며 깨고 나아가는 외로운 해체 작업

어름사니의 밧줄 타기는
포스트-포스트모더니즘이다.

—「적막(寂寞)·4」 전문

「적막(寂寞)」 연작 가운데 하나인 이 시에서 어름사니(남사당패에서 줄을 타는 사람 중 우두머리)의 외줄타기는 인간-시인의 운명과 형식을 표상한다. 그것은 비유적으로 말해 "적막 위에 핀 바람꽃" 같은 것이다. 허공의 외길을 가는 어름사니는 극의 극을 치달으며 중도(中道)를 향한다. 그것은 고요와 평정심에 드는 절대무의 세계이며, 그런 점에서 시인과 어름사니는 서로 닮아 있다. 내면의 설산을 오르기 위해 오체투지의 고행을 일삼는 자들은 벼랑 끝에서 노래하고 춤을 춘다. 인간의 삶은 정처가 없다. 모든 것을 부정하고 모든 것을 무너뜨려야 하는 시인에게 세계와 언어는 그야말로 적막이다. 적(寂)이 유현(幽玄)함으로 사물을 바라보는 눈과 마음이라면, "어름사니의 밧줄 타기"는 "삼족오 까마득한 무문(無門)(을) 가르고/ 하도(河圖) 그 본향 찾아가는 길"(「어등 물고기 떼」)이다. 그가 사는 도봉은 "길 없는 선경(仙境)"이며, "하얀 무소뿔"(「도봉동 풍경」)이다. 그 길 없는 길을 홀로 가는 시인에게 도봉을 오르는 날은 어름사니의 외줄타기 처럼 몸과 마음의 평정을 유지하며, 견성(見性)을 꿈꾸는 날이다. 그는 도봉에서 갑작스레 소를 만난다.

> 도봉산 오르는 날은 소와 한판 싸움을 한다
> 도봉사 담벼락이 십우도(十牛圖) 진을 치고
> 내 갈 길을 막아서기 때문이다
> 오늘도 날뛰는 누렁이를 마주쳐 겨우 잡은
> 놈의 심중을 끌어당겨 배지기를 시도하고
> 누렁이는 뿔을 꼬누고 저돌적으로 달려든다
>
> 본래의 나는 어디로 갔는가?
> 소와 소가 싸우고
> 또 하나의 내가 또 다른 나와 치고 받는다
> 나는 누렁이고 누렁이가 나다

오늘도 무승부다

그래도 소와 싸우는 일은 재미있다
생애 후반전 화두가 심심찮다
내일은 도봉산 거북바위 타고 내려와서
누렁이의 코뚜레를 단단히 꿰어잡고
놈 삼생의 꿈속까지 하얗도록 쓸어내면
'심우도' 아성을 깨고
마침내 기우귀가(騎牛歸家) 할 수 있을까?

—「도봉산에서 투우하다」 전문

취운재 시인에게 도봉산은 몸을 돌보는 곳 이상으로 잃어버린 마음을 찾는 곳이다. 그 마음의 소를 타고 기우귀가(騎牛歸家)하는 모습은 하나의 로망이며, 딴은 본향에 이르는 길이다. 그러나 이런 마음과 태도는 산의 입구에서 저지당한다. 갑자기 "길을 막아서"며 "뿔을 꼬누고"마구잡이로 달려드는 소가 바로 그것. 소와 소, 나와 또다른 나가 싸우면 결과는 언제나 무승부. 이는 불이(不二 : 나는 누렁이고 누렁이가 나다)의 존재와 진리 때문이다. 서로의 내부로 들어가 하나가 되는 상입상즉(相入相卽)의 진리, 즉 각자 다른 악기로 다른 소리를 내며 조화롭게 하나의 선율을 이루어 장중히 흘러가는 것에는 승부란 게 따로 있을 수 없다. 그렇다고 하여 놈의 "코뚜레를 단단히 꿰어 잡고/ 삼생의 꿈속까지 하얗도록 쓸어내면… 마침내 기우귀가(騎牛歸家) 할 수 있을까?" 말하자면, '나는 누렁이다 — 나는 누렁이가 아니다 — 나는 누렁이다'에 따른 즉비(卽非)의 논리는 부정의 생성을 통한 자기 발견에 다름아니다. 도봉산은 투우의 의미를 알고, "돌멩이(와) 금강석(이) 불이(不二)"(「견성(見性)」)의 사물임을 깨닫게 하는 견성과 자기실현의 더없는 장소이다. 다음 시편은 도봉을 노래한 것 가운데 압권이다.

1
도봉산 만장봉에 노을이 진다
거북바위 바라보며
발길을 돌려 하산하네

산새가 포르르 따라오네
오 그럼! 우린 본래 하나지
인우구망(人牛俱忘)하고 내가 손을 내밀었다
새는 망설임 없이 내 손바닥에 앉아 갸웃거린다
…아뿔싸! 내가 또 빈손이구나
새와 함께 내가 무슨 신선된 줄 착각했구나
자연이 나와 한몸이라 늘 뇌면서도…

2
눈 쌓인 겨울 저녁 어둠사리 서서히 깔리는데
곤줄박이는 배가 많이 고플까
나를 따라오며 폴짝폴짝 애원한다
미안하다 형제야 다음엔 먹거리 꼭 가져올게
나도 이제 배고프구나

그래 네가 소〔牛〕고 나다
천강(千江)에 월인(月印) 뜨니 모두 한님의 분신이네
이 자리도 천지시공 모든 길로 통하네
얼음 녹아 일수(一水)는 태극 돌고
쓰러진 고목에 새잎 돋아 손풍(巽風)에 입 맞추네
삶과 죽음 있고 없음이 언제나 공하니
소멸이란 본시 착시던가

3
산행에 겨우 느낀 것이 꿈결인듯하고
곤줄박이 새도 이미 간데 없네
어느 결에 깜깜한 산길을
허기와 시간에 쫓기어 하산을 서두르니,
타고 가던 소도 날 버리고
도봉사 심우도(尋牛圖) 속으로 사라지네

—「천강(千江)에 월인(月印) 뜨니」 전문

1에서 "도봉산 만장봉에 노을이" 지는 지금은 묘(妙)의 시간. '나'는 낙서(洛書)의 거북바위를 바라보며 발길을 돌린다. 어린 산새, 아니 또다른 내가 따라오면서 나는 인우구망(人牛俱忘)이란 말을 건넨다. 손을 내민다. 사람도 소도 완전히 잊은 채로다. 저녁놀처럼 둥근 테두리만 남겨 두고 채찍과 고삐, 사람과 소… 모든 것은 무(無)와 허공 속으로 사라진다. 새는 "내 손바닥에 앉아 갸웃거린다". 그것은 착각이다. 나는, 나의 손은 없고 "자연(은 본래) 나와 한몸"인 것을 안다. 2에서 나는 겨울 저녁산을 내려오는 도중 연신 나를 따라오는 곤줄박이를 만난다. 배가 고픈 탓일까, 애원하는 표정이다. 그러나 내 손에는 아무 것도 들려 있지 않다. 우리는 서로 형제이기에 새가 배가 고프면 나도 배가 고프다. 새가 소라면 소는 나다. "천강(千江)에 월인(月印) 뜨(면 우리는) 모두 한님의 분신". 모든 길은 하나로 통한다("생명 하나/ 일이화삼 하고/ 회삼귀일 하여/ 너와 나 우리/ 동일한 하나", 「무기·2」). 생사와 유무가 따로 없이 모든 것은 허하고 공하다. 소멸은 착시에 지나지 않고 그저 사라질 뿐이다. "인류는 사라짐의 방식을 발명한 유일한 종이자 사라짐의 예술이다."(장 보드리야르, 『사라짐에 대하여』). 얼음이 녹아 물이 되고, 그 하나인 물("일수 : 一水")의 작용으로 태극이 운행하여 사시(四時)를 맞는다는 것은? 부드러운 봄날의 손풍(巽風)이 일면 죽은 줄로 알았던 고목에 새 잎이 돋는다. 십일일언(十一一言)이 성성(成成)의 원리라면, 십오일언(十五一言)은 생생(生生)의 원리이다. 이렇듯 소멸과 생성은 서로 이어져 있으며, 찰나멸과 차이의 존재만 있을 따름. 3의 경우 산행에서 돌아온 나는 마치 꿈을 꾼 느낌이다. 곤줄박이 새도 없고 소마저 사라지고 없다. 나는 어디에 있는가? 나는 모든 곳에 있지만 아무데도 없다. 천의 강에 달이, 월인이 뜬다. 도봉은 취운재의 시와 영혼이 새롭게 태어난 거처이며, 사상이 능금처럼 익어가는 묘처이다. 다음은 「무기(無記)」 연작 가운데 서시에 해당한다.

마음에 경계를 지어

스스로 고해를 지어
번뇌를 벗은 법(法)은
열반이라 하든가
누가 열반에 들었는가

1(태극)이 0(공)과 하나인 독존
여래의 무생법인 어찌 따를손가
해탈이란 마음 밖의 관념의 실재에
누가 실존으로 들 수 있는가

한 생각이 관념으로 들어가서
번뇌와 열반을 오락가락 하는 수행
윤회를 돌고 도는
뫼비우스의 띠

—「무기·1」 전문

이렇다할 번뇌와 망상이 유무와 대소의 구분에서 비롯된다면, 경계와 고해로 "누가 열반에 들 (것인)가", 그리고 일체가 공적함을 증득하지 않는 한, 그 누가 "여래의 무생법인"을 따를 것인가. "1(태극)이 0(공)과 하나"이고 공(空) 속에 이미 일 태극이 있다면 세계는 모두 단절이 아니라 무한의 이음(Fügung)으로 구성된 것이다. 하여 몸과 마음, 생과 사는 둘이 아니며, 선천과 후천, 관념과 실재, 번뇌와 열반은 상의상대(相依相待)한 것이다. 그런가하면, 실존의 처절함을 알고 실재를 격물치지 할 때 독존(獨存)의 위의

(威儀)가 주어지며, 그렇지 않고서야 무생의 법인과 해탈이 어찌 능하며, "누가 실존으로 들 수 있는가" 한편, 인간 의식현상의 세 가지(선·악·무기) 가운데 무기(無記)는 선악의 분별이 없는 상태를 말한다. 여기서 무기의 무(無)는 안개(霧) 또는 춤(舞)과 같은 피지스(physis)이다. 「무기·7」의 경우, 배경은 도봉산의 녹야선원. "흐르는 세월을 부여잡아/ 물살을 멈춰놓은 저 천심의 달(天心月)은/ 내 눈이 황심월(皇心月)을 여는지 보고 있었나/ 나와 달, 누가 더 어리석은가?" 같은 대목에서 달은 '천심월—황심월'이라 하여 선천의 달과 후천의 달을 일컫는다. 여기서 선천(先天)이 추상적 아름다움이라면 후천(後天)은 구체적 아름다움이다. 추상과 구체가 내부에서 이어지듯 천인(天人)의 마음 또한 이어져 있다.("황심월이 내 마음의 달이고 천심월이 하늘의 마음 달이라면, 마음과 마음이 서로 이어져 있다는 심심상연(心心相連)과 마음의 달이 서로 비치는 심월상조(心月相照)는 천심월과 황심월이 상연·상조하는 것이 된다. 이는 나와 너의 황중월이 천심월과 합일할 때 서로 연하여 비치는 것" 임병학, 「대종경, 주역으로 만나다」).

이번 시집에서 특기할 만한 것은 님의 노래이다. 「태초의 그리움, 님」("어디 있는가 태초의 님/ 드넓은 시공 어디에 있는가/ 가볍게 내려앉는 나뭇잎/ 바람결은 어디서 비롯하는고/ 형상 없이 배회하며/ 생명의 님 봄 꽃송이로 띄워/ 무궁 세월을 피고지고/ 망향의 노래냐. …우리 몸 또한 어느 날 세상 떠나/ 가볍고 사뿐한 영기(靈氣) 되면/ 이 신비로운 시공간에/ 신(神)이 되어, 천사(天使) 되어/ 무한한 사랑의 날개 펼쳐/ 아름다운 지구와 은하의 뭇 생명들에게/ 눈부신 빛과 뜨거운 열정으로,/ 송이송이 꿈과 희망의 샛별로,/ 쉼 없는 바람, 비와 눈송이로/ 온 우주를 환하게 채우리”)에서 보면, 임은 태초의 그리움으로 제시되어 있다. 한님, 즉 일신(一神)은 우리 민족과 생명의 근원이다. 나뭇잎과 바람결은 물론, 언제 어디서나 우리 곁에 존재하는 님. 무궁한 세월을 피고지는 꽃처럼 님에 대한 그리움은 본향에 대한 그리움이다. 그 님은 내 마음 속 깊은 곳에 자리해 있는 부모의 은덕이며 천지자연이다. 이승과 저승의 모든 인과 연을 잇고, “달빛”과 “별 떨기”로 반짝이는 님. 이승의 한 때를 사는 우리도 언젠가 “영기(靈氣)”가 되면 “신(神)이 되어. 천사(가) 되어”이 “아름다운 지구와 은하의 뭇 생명들에게” 크낙한 기운과 사랑을 베풀고 나누어” 온 우주를 환하게 채”운다. 님은 사랑이며 존재의 비밀. 우주의 본성과 연대를 깨닫고 실현하여 인간 완성에 이르는 길이다. 이는 취운재 시인이 생각하는 시와 사상의 근간이기도 하다. 한님은 가장 크고 오래고 높은 신이다. 태초의 도와 그리움인 아리랑은 노래의 형식을 빌려 지금까지 그 맥을 잇고 있다. 「율려(律呂)」(“들숨 날숨/ 한 목숨이 그 사이에 있네/ 그러한 너와 내 숨결이/ 우주의 율동이네.// 태극 음양의 유희/ 생명의 좌우 날개/ 흥겨운 가무 아리랑// 한 줄기 빛의 환희/ 파동과 입자의 어깨동무/ 천진무구 소꿉놀이네. …”)에서도 율려는 우주의 율동이자 빛으로, “흥겨운 가무 아리랑”으로 드러나 있다. 소리는 사물이 창조하는 또다른 율려 작용으로, 아리랑은 그 소리의 절정이다. 문제는 아름답고 슬픈, 흥과 한의 영원한 소리를 시인이 직접 들을 수 없다는 사실에 있다.

2

오늘도 내 귀는 어느 소의 워낭이냐
소리가 들리지 않는 두 귀
눈 앞 어지러운 세상이
모두 무성 영상이다

고함치는 내 목소리도 내 머리에 붙은
두개의 워낭을 울리지 못한다
귀를 버릴까
경허(鏡虛)의 워낭을 떼어 던질까

온 거리를 헤매며
뜨거운 혀를 뽑아도
알아 듣지 못하는
진흙소(泥牛)의 묵언들
내 귀는 소리 내지 못하는 워낭이다

—「귀를 먹고」 전문 ①

봄눈녹은 도봉산
물소리 산새울음 듣는 계곡길에
뚝— 보청기가 꺼지고
내 귀는 칠흑 벼랑과 마주섰네

마침내 산의 온갖 신비 들려오고

웅장한 오케스트라 비발디의 '사계'가
꽝! 꽝! '운명'으로 바뀌고
클로즈업 두 얼굴 베토벤과 뭉크
귀를 마주잡고 공포를 터트리며
비명을 지른다

죽은 보청기가
세상 모든 소리를 삼킨
적멸의 시간, 내 귀는
세상 만물을 울리는 범종이 되었다

—「귀와 보청기」 전문 ②

①과 ② 모두 시인의 청력 장애와 관련해 있다. ①에서 '나'의 귀는 소의 워낭과도 같다. "오늘도 내 귀는 어느 소의 워낭이냐"라는 서두에서는 다소 자조적인 목소리가 느껴진다. 어지럽고 듣지 않아도 좋을 세상 소식엔 되려 귀를 막는 게 상책이지만, 정작 대화가 필요한 이의 말을 듣지 못해 고함치는 나의 목소리, 나의 안타까움은 "머리에 붙은/ 워낭을 울리지 못한다." 이럴 땐 차라리 "귀를 버릴까" 아니면 "경허(鏡虛)의 워낭을 떼어 던질까" 하는 생각마저 든다. 워낭은 소리를 통해 소와 주인이 교감하며 동식물의 영혼과 교감하는 데 있어서 가장 좋은 수단이다. 워낭은 어느 모로 신과도 내통할 수 있다. 더 이상 울리지 않은 나의 워낭, 나의 귀는 "진흙소(泥牛)의 묵언"과도 같다. ②에서 "보청기가 꺼"진 나의 "귀는 칠흑 벼랑과 마주"선 느낌이다. "봄눈 녹은 도봉산"

어느 골짜기에서의 일이다. 적멸의 시간, 바로 그때 나는 자연과 예술의 신비를 경험하고 탄성을 내지른다. 순간, "내 귀는/ 세상 만물을 울리는 범종" 이 된다. 적멸의 시인은 이제 신체의 귀가 아닌 영혼의 귀를 가진 것이다.

한편, 「가을 운(韻)」("달이 점점 둥글어/ 한가위가 내일 모레/ 어머님 가신지 세 해가 지나누나// 삼각산(三角山) 가을 하늘은/ 그지없이 높고 푸르러/ 낙엽 흩어진 마당 가엔/ 귀뚜리 홀로 서럽구나// 더불어 대(ㅅ) 닢에/ 비 듣는 소리로/ 수심(愁心) 더욱 깊어라.")의 경우는 아름답고 슬픈, 서럽고도 깊이가 느껴지는 서정시이다. 팔월이라 한가위가 이틀 앞으로 다가왔다. 가을 하늘은 더없이 높고 푸르다. 한 번 가신 어머니는 돌아올 줄 모르고, 실솔의 울음 소리는 밤이 깊을수록 커져만 간다. 서늘한 기운의 대나무 잎에 떨어지는 빗소리에 시인의 수심(愁心)은 더욱 깊어간다. 가을의 운(韻)이 울음이면서 울림인 것은 바로 이 슬픔의 깊이에 있다. 그 깊이는 모름의 정도로써 보이지 않는 것에 대한 감정의 형이상학을 말한다. 메를로 퐁티에 의하면, 깊이는 존재에 참여하는 것이다. 인간과 자연의 불협화음에서 비롯되는 슬픔과 서러움에서, 가을이라는 높이와 깊이의 계절에서 현존재(dasein)인 노래가 생성된다. 「가을 보름달」("귀뚜리/ 또르르/ 고적한 밤// 기러기 떼/ 고향 만리/ 하늘은 멀어// 어머님 그리워/ 달을 쳐다본다// 어머님/ 환한 얼굴/ 보름달 밤에/ 눈물 괸 단지야.")에서도 만월을 매개로 하여 집을 떠나 있는 자의, 어머니에 대한 그리움의 정서가 잘 드러나 있다. 또한 이번 시집에는 가족, 특히 손녀와의 추억과 사랑이 곡진하게 드러나 있다. 특히 「아름다운 날들」에서 시인은 어린 손녀와 함께 한 시간들, 즉 도봉 계곡에서의 물놀이, 올챙이와 잠자리 잡기, 개울 건너 미끄럼타기, 그네뛰기, 배나무 과수원 뒤로 자작나무 숲을 지나 도봉산 언덕길 오르기, 골목시장 걷기, 팬시문구점 구경하기 등에 대해 생의 "하루하루가 낙원이었고 천국"이었다고 술회한다. 이밖에 「플룻을 부는 소녀」, 「금동아 네 어릴 적에」, 「숨바꼭질」, 「처서, 무덥던 여름은 지나가고」, 「환국(桓國)의 새」 등의 작품에서도 아름다운 날들과 마음은 계속된다. 다음의 시는 보다 특별한 데가 있다.

13—1
고난에 처한 한 생명을 돌보지 못했더니…

아파트 어린이 놀이터 모래밭에
세살 손녀와 할아버지
그네를 타다 부채를 만들고 있었다.
갑자기 하늘에서 황홀한 빛이 눈부시고
작은 불덩이가 떨어지듯 내려오며
껍질이 사방으로 갈라진다.

"하야어지 섀 다—!"
검청색 새 한 마리가 날개를 치면서 모래밭에 떨어졌다.
나를 보자 도망치듯 파닥거렸으나 날아오르지 못했다.
비둘기 보다 작다.

동네 참새 까치들이 날아와 텃세 부리며 위협한다.

13—4

“하야어지 새가 피가 마니 나요.”

새의 머리를 손가락으로 눌러 지혈하며 가엾은 새의 머리를 내 볼에 갖다 댔다.

“…따뜻해요! 따뜻해요!”

부리를 내 볼에 비비며 검청새가 말을 계속했다.

“당신의 측은지심 저 깊은 마음 속에 참사랑을 가두어 놓았어요.

그것이 죄예요.

사랑은 저 하늘의 것 하늘의 도리예요.

사랑을 풀어 세상에다 심고 나누세요.

향기로운 꽃 피우고 알찬 열매 맺어요.

그 하나를 셋의 덕으로 한님의 나라를 땅위에 베풀어요.

심봉사도 눈의 허울이 벗겨지고 생명의 나라를 볼 수 있어요.

아름다운 빛의 세계에 들 수 있어요.

이 세상도 아름다운 날들로 빛과 생명의 나라가 될 거예요.

나는 아름다운 당신들의 고향에 살아요.”

검청새는 불타는 태양을 쳐다보았다.

태양 광선에 새의 눈이 크게 부풀었다.

풍선 같은 새의 눈에 동영상 화면이 나타났다.

13—5

하늘에는 자미원을 중심으로 천문 28수(宿)가 새빛을 발하고

천심의 달이 물러가고 황심의 달이 밝게 빛난다.

땅에는 신천지가 펼쳐지고 천하대장군과 지하여장군이 나타났다.

동서남북에 각각 청룡 백호 현무 주작이 날고 뛰며 춤춘다.

화면이 바뀌고 징 장고 꽹과리 북소리 우렁찬 가운데 삼성(三聖)의 윷놀이 윷가치가 오행 운기 행역하고 마고자를 입은 유위자(有爲子)가 환단의 옛 신선들과 복사꽃 살구꽃 아래 모여 정역의 절후(節候)를 의논하고 왕산악 백결 박연이 10천간 12지지의 음률을 고르며 무지갯빛을 방사한다. 마리산에서는 천지인 정음(正音)으로 개벽을 선포하고 백성들의 잔치 마당에 아리랑 춤과 노래소리 그칠 줄 모른다.

13—6

이윽고 검청새의 눈동자 화면이 뒷걸음 걷듯 사라진다. 새는 이미 눈을 감고 있었다.

나는 새를 보고 물었다.

"그럼 너는 여기 어떻게 왔니?"

"새가 하늘을 보래요. 다! 다리가 세 개야! 앙—! 새가 죽었어요 할아버지— 이!"

아이가 소리 내어 우는 순간 북극성(Polar star)이 한줄기 찬란

한 광선을 쏟아 내리면서 검청새는 북두칠성 두표를 타고 포르르 날아올랐다. 방사형의 UFO 하나 차원의 중력을 접었다 폈다 하면서 눈부신 속도로 창공 높이 날아갔다.

"오! 오! 저 새가 환국 신시(神市)의 삼족오(三足烏)였다니!"

13—7
지난 밤의 꿈에 사로잡힌 새날에,
아파트 놀이터 수풀 속에서 죽은 비둘기 한 마리를 보았다.
지난 봄에 보았던 그 비둘기, 다리 한쪽이 없어 외발로 서서 넘어지며 동료 비둘기들에게 구박당하며 먹이를 잘 쪼지 못하던 그 수척한 작은 비둘기, 늘 측은했지만 내가 어떻게 도움을 주지 못했던, 그 새를, 그 새를… 고난에 처한 한 생명을 돌보지 못했더니….

—「환국桓國의 새」 부분

W·스티븐스에게 시 「검정새를 바라보는 열세 가지 방식 Thirteen Ways of Looking at a Blackbird」이 있다면, 취운재 박성철 시인에게는 「환국(桓國)의 새」가 있다. 비교적 긴 호흡의 이 시는 검청새를 모티프로 한 새로운 문명의 환국—한국을 서술(묘사)하고 있다. 천지와 공동체의 위기로서 문왕 8괘의 선천 시대가 끝나고, 정역의 후천 개벽 시대가 도래한 지금, 시인은 환단의 나라 한국의 문명 부활을 꿈꾼다. 천부의 하늘과 생명의 의미를 새삼 부각시키며 현실과 환상을 넘나든다. 시의 도입 부분을 보게

되면, 아파트의 놀이터에 어린 손녀와 할아버지가 등장한다. 두 사람 면전에는 비둘기보다 작은 "검청색 새 한 마리가 날개를 치면서 모래밭에 떨어"져 있다. "하늘에서 황홀한 빛이 눈부시고/ 작은 불덩이가 떨어지듯 내려"온 뒤의 일이다. 시인의 상상력은 온통 새에 집중되어 있다. 새를 향해 시인은 묻는다. "너는 여기 어떻게 왔니?" 새를 대신하여 이번에는 아이가 답한다. "새가 죽었어요(하야어지, 아니) 할아버지— 이!" 갑자기 아이가 '할—아—버—지', 라는 크고 분명한 목소리로 소리내어 운다. 바로 그 순간 "북극성(Polar star)이 한 줄기 찬란한 광선을 쏟아"내고, "검청새(가) 북두칠성 두표를 타고 포르르 날아"오른다. 바로 그 순간 시인인 나는 문득 깨닫는다. 그리고는 탄성을 내지른다. "오! 오! 저 새가 환국 신시(神市)의 삼족오(三足烏)였다니…!" 시인의 상상은 어린 손녀로 인해 배가되어 있다. 아이(infant, 幼)는 본래 말할 수 없는 존재로서 현(玄)하고 묘(妙)한 주체이다. 하여 "세상의 모든 아기들"은 "천상의 부모"가 내려 보낸 것으로 "한님의 사랑"(「손녀 보기」) 그 자체이다." 신비한 눈동자"(「귀와 보청기」)의 아이는 "세상(을) 비추는 따뜻하고 밝은 빛"(「염원」)이며, 환국의 새인 검청새의 말에는 사랑의 온기가, 생명이, 꽃과 열매가 가득하다. 세상의 아름다운 날들은 이제 아름다운 빛으로 참사랑으로 차고 넘쳐 있다. 그 사랑은 본래 "하늘의 것(이며) 하늘의 도리"임을 안다. 천지인이 하나인 한님의 나라, 생명의 나라는 우리의 영원한 고향이다. "자미원을 중심으로 (그곳) 하늘에는 천문 28수(宿)가 새빛을 발하고/ …땅에는 신천지가 펼쳐(진)다. …동서남북에(는) 각각 청룡 백호 현무 주작이 날고 뛰며 춤춘다". 이제 환국의 사람들은 "복사꽃 살구꽃 아래 모여 정역의 절후(節候)를 의논하"고, 악성들(왕산악, 백결, 박연)로 하여금 천간지지의 음률을 고른다. 환국의"마니산에서는 천·지·인의 정음(正音)으로 개벽을 선포하고, 백성들의 잔치 마당에(는) 아리랑 춤과 노래소리(가) 그칠 줄 모른다". 손녀와의 대화와 이야기를 통해 잃어버린 문화와 사상을 되찾고자 하는 시인의 꿈은"하느님의 본향을 그리는/ 아리랑"(「무기·5」), 그것도 새로운 현실 문명세계를 상징하는 신아리랑에 머물러 있다.

이밖에 인상적인 작품으로는 피카소의 그림과 상원사 동종의 대비가 돋보이는 「코뿔 바다오리와 종에 관한 몽상화」, 작금의 코로나19의 현실을 하나의 시절인연으로 파악한 「포스트 코비드 19」, 그리고 맑고 아름다운 자연, 천지가 부합한 이미지의 시 「수도리」("천문도(天文圖)/ 그려 앉은/ 강구연월(康衢煙月)의// 일월(日月)이/ 함께 내린/ 물도리 마을에// 일감수(一坎水)/ 북극수정/ 강줄기 되어// 세상은/ 물 천하/ 참 맑은 한 아름// 안/ 팎/ 이 하나네.") 등이 있다.

3

인생의 우여곡절을 다 겪은 팔순의 취운재 선생에겐 두두물물(頭頭物物)이라 하여 천지만물이 화두 아닌 게 없다. 시의 도가 삶의 도인 그에게 지난 시절은 아름다운 날들이었다. 하나 뿐인 손녀의 성장 과정을 지켜보면서 함께 했던 시간과 이야기들, 우리가 발 딛고 살아가고 있는 세계 속의 한국, 빛과 생명의 나라이자 한

님의 나라, 환국(桓國)이 갖는 참된 아름다움이 여기에 있다. 우리는 이 한 권의 시집을 통해 그런 사실과 가치, 진리와 사랑, 사유와 방법은 물론, 님의 사랑 님의 노래인 (신)아리랑을 경험하게 된다. 뿐만아니라, 취운재 박성철의 시는 그만의 취(翠)와 운(韻)이 있다." 빛이 사라진 절대 암흑 속에서/ 비로소 밝은 눈(을) 뜨"는 예지와 무(無)의 감수성, 그리고 "그믐밤에 켜든 지촉(紙燭)"(「지촉(紙燭)」)이 있다. 정말이지, 시와 삶, 도와 문을 알고 그 안에서 무애자재하게 노니는 그에겐, 견성의 본래와 면목을 아는 자만이 마침내 도달할 수 있는 깊고 푸른 시혼, 누에가 있다. 누에의 시간이 있다.

> 생명과 사랑 고독과 기다림이 중첩된 운명의 고치 속에서
> 누에는 명주실을 짓는 그 기나긴 시간을 얼마나 고요히
> 시를 쓰고 읊고 기다렸는가?
>
> —「누에고치」 부분

박성철 시집_ 아름다운 날들

초판 인쇄 | 2022년 10월 25일
초판 발행 | 2022년 10월 30일

지 은 이 | 박성철
발 행 인 | 이광복
편집국장 | 김밝은

펴낸곳 | 사단법인 한국문인협회 月刊文學 출판부
주소 | 서울시 양천구 목동서로 225 대한민국예술인센터 1017호
전화 | 02-744-8046~7
팩스 | 02-743-5174
이메일 | klwa95@hanmail.net
등록 | 2011년 3월 11일 제2011-000081호
ISBN 978-89-6138-486-5 03810

값 10,000원